[三訂版]

保険論トレーニング

鴻上喜芳 [著]

まえがき｜PREFACE

　死亡リスク，病気・ケガのリスク，自然災害のリスクなど，私たちの日常生活はさまざまなリスクに取り巻かれています。また，企業もリスクを抱えつつそれをコントロールしながら，収益を上げるべく活動をしています。欧米では，保険を利用しないで社会生活を営むことを"going bare"（裸でいく）というように，保険は私たちの日常生活，企業活動にとって欠かすことのできない存在となっています。

　私は，民間保険会社から大学に出向し保険論を教えていますが，学生の皆さんは，大学に入るまで保険にはほとんど接したことがなく，大学の保険論でほぼ初めて保険を学ぶことになります。意欲と興味をもって勉強してくれていますが，その関心は自身がいずれ社会人になったときに自分の家庭生活に必要な保険の知識を身につけたいというところに向かっているように感じます。もちろん，これも大事であり，保険を上手に活用してスマートに人生を送ってほしいものです。

　しかしながら，多くの学生は就職して企業人となります。企業は，その事業に伴うリスクをマネジメントしつつ収益機会の拡大を図っていますが，リスクマネジメントにかかわるのはリスクマネジメント担当部署のみでなく，いわば業務にかかわる全社員が意識をもって，リスクの洗い出し，評価，処理方法にかかわっていかなければなりません。つまり，企業人はすべからくリスクマネジメントにかかわっており，リスクマネジメントの重要な手段である保険にもかかわっていくことになるわけであり，経済学部を卒業する学生には企業人として最低限必要なリスクマネジメント・保険の知識を習得してもらいたいと考えています。

　本書は，家庭および企業のリスクと保険について，学生の皆さんに習得しておいてもらいたいエッセンスをまとめたものであり，さらに設問を解くことでその理解度をチェックできるようにしています。ぜひリスクと保険の基礎知識を本書で習得してもらいたいと思います。

　なお，保険業界は自由化が進展しており，各種商品も会社ごとに内容が異なるものとなってきています。本書で紹介する保険商品内容は，極力各社共通となっている事項を中心に解説していますが，一部筆者が所属する日本興亜損害保険の商品に基づいている

iii

ことをあらかじめお許しいただきたいと思います。

　最後に，保険商品の約款や規定集等をご提供いただいた日本興亜損害保険株式会社企業商品部マネージャーの神立信一氏と，本書の出版を勧めてくださった創成社出版部の廣田喜昭氏に感謝の意を表したいと思います。

2009 年 9 月

鴻上喜芳

三訂にあたって

　本書発行から 14 年半が経過しました。この間，本書は，大分大学，長崎県立大学および長崎大学において保険論のテキストとして使用され，数多くの学生に本書で保険を学んでいただきました。

　本書の大きな特徴は，設問に解答することができるかどうかで理解度を図るというものであり，そのため解答は別冊で提供していました。しかし，ここに来てもう一段学修のレベルを上げてもらう必要性を感じています。よって三訂版においては，従来の別冊解答を本体に入れ込むこととしました。従来ブラインドとしていた解答について所与の知識として取り入れた上で，さらにレベル高く保険の本質を学んでいただきたいと思っています。

　なお，改訂版を発行してからも 10 年が経過し，この間に高額療養費制度の見直し，共済年金の厚生年金への統合，地震保険の改訂などがあり，三訂版はこのあたりのことについても対応いたしました。

　今後とも，保険を学ぶ皆さんにとって，本書がその手助けとなることを期待してやみません。

2025 年 4 月

鴻上喜芳

目　次 | CONTENTS

まえがき
三訂にあたって

総　論 ——————————————————————— 1

Chapter **1**　リスク　　　　　　　　　　　　　　　　　 2

Chapter **2**　リスクマネジメント　　　　　　　　　　　 6

Chapter **3**　リスクに対処する諸制度　　　　　　　　　 10

Chapter **4**　保険の歴史　　　　　　　　　　　　　　　 14

Chapter **5**　保険とは　　　　　　　　　　　　　　　　 18

Chapter **6**　保険制度を支える原則　　　　　　　　　　 22

Chapter **7**　逆選択とモラルハザード　　　　　　　　　 26

Chapter **8**　保険契約の基礎　　　　　　　　　　　　　 30

Chapter **9**　損害保険と生命保険　　　　　　　　　　　 34

Chapter **10**　各種の生命保険と第三分野保険　　　　　 38

Chapter **11**　保険経営－保険の引受け　　　　　　　　 42

Chapter **12**　保険経営－保険料と保険金支払い　　　　 46

Chapter **13**　保険の監督システム　　　　　　　　　　 50

Chapter **14**　社会保険　　　　　　　　　　　　　　　 54

Chapter **15**　保険金不払い問題　　　　　　　　　　　 58

損害保険各論 ———————————— 63

Chapter **1** 火災保険の基礎 ・・・・・・・・・・・・・・・・・・・・・・・・ 64

Chapter **2** 火災保険の種類 ・・・・・・・・・・・・・・・・・・・・・・・・ 68

Chapter **3** 地震保険 ・・・・・・・・・・・・・・・・・・・・・・・・・・・・・ 72

Chapter **4** 自賠責保険 ・・・・・・・・・・・・・・・・・・・・・・・・・・ 76

Chapter **5** 自動車保険 ・・・・・・・・・・・・・・・・・・・・・・・・・・ 80

Chapter **6** 海上保険 ・・・・・・・・・・・・・・・・・・・・・・・・・・・・ 84

Chapter **7** 賠償責任保険 ・・・・・・・・・・・・・・・・・・・・・・・・・ 88

Chapter **8** 海外 PL 保険 ・・・・・・・・・・・・・・・・・・・・・・・・・ 92

Chapter **9** 会社役員賠償責任保険（D＆O 保険） ・・・・・・・・・・ 96

Chapter **10** 労働災害総合保険 ・・・・・・・・・・・・・・・・・・・・・ 100

Chapter **11** 動産総合保険 ・・・・・・・・・・・・・・・・・・・・・・・・・ 104

Chapter **12** 工事保険 ・・・・・・・・・・・・・・・・・・・・・・・・・・・・ 108

Chapter **13** 信用保険・保証保険・ボンド ・・・・・・・・・・・・・ 112

Chapter **14** 費用・利益保険 ・・・・・・・・・・・・・・・・・・・・・・・ 116

Chapter **15** 傷害保険 ・・・・・・・・・・・・・・・・・・・・・・・・・・・・ 120

参考文献　125
解 答 編　127

Training in Insurance Theory

総　　論

Chapter 1 リスク

1. リスクの意味

　リスク（risk）という言葉は，一般に「結果が不確実な状況」を意味しますが，①損失のみならず収益の発生をも想定している場合と，②損失のみが発生することを想定している場合があります。経済学や統計学においては，リスクは「期待値まわりの変動性」すなわち結果のばらつき度合を意味するものとして使用されており，この場合の結果は損失と収益の双方を想定しています。保険関係では，リスクは「損失の期待値」を意味するものとして使用され，この場合の結果は損失だけを想定しています。保険は，損失が出た場合の経済的復旧を目的とした制度であることから，収益が出た場合のことは想定する必要がないためといえます。

設問1

　私たちが日常でよく使用しそうな次の用例では，リスクを次のうちどちらの意味で使用しているか，①②で答えなさい。
　　①損失のみならず収益の発生をも想定している場合
　　②損失のみが発生することを想定している場合

（1） 株式投資は国債投資よりもリスクが高い	
（2） 高台よりも川岸の方が洪水のリスクが高い	

---

2. Risk の語源

　Risk は，ラテン語の risicare（リジカレ）を語源としており，そのもともとの意味は「岩山を縫って航行する」というものです。risicare すれば，岩山に衝突して船が破損したり，積荷が水没したりするという危険を伴いますが，大回りせず最短経路をとることによって，商機を得て大儲けする可能性があるということでしょう。よく企業経営者が使う「リスクをとる」との表現は，risicare の精神と同じといえます。

2　総　論

３．エクスポージャー

　リスクという言葉は，このように幅広い意味をもつので，保険関係においては，「損失の期待値」を表現するのに，しばしばリスクに代えて，エクスポージャー（exposure）を使用します。expose は「暴露する，曝されている」との意味なので，エクスポージャーの意は「危険にさらされていて，損失が発生する可能性がある」ということです。

４．ペリルとハザード

　リスクもエクスポージャーも，「損失が発生する可能性がある」という極めて広い概念ですが，損失に至るまでにはさまざまな危険が介在しています。リスクの関連概念として，英語では，ペリル（peril）とハザード（hazard）がありますが，それぞれ区別して使用されています。

　ペリルとは，損失の原因となる事故を指し，たとえば交通事故では，衝突です。

　ハザードとは，ペリルが発生する可能性を作ったり高めたりする要因（生起要因）や，損害の規模を拡大する要因（拡大要因）をいいます。たとえば交通事故では，道が凍結していたとか，よそ見をしていたなどは生起要因ハザードであり，シートベルトをしていなかったなどは拡大要因ハザードです。

ペリルの分類

自然的危険	火災，爆発，地震，暴風
人為的危険	暴行，窃盗，過失，詐欺
経済的危険	不況，インフレ，戦争

ハザードの分類

物理的ハザード	建物の老朽化，道路の見通しが悪い
モラルハザード（moral hazard）	保険金殺人，放火，詐欺的勧誘
モラールハザード（morale hazard）	不注意，気の緩み

設問 2

リスクマネジメントにおけるハザード概念について説明しなさい。

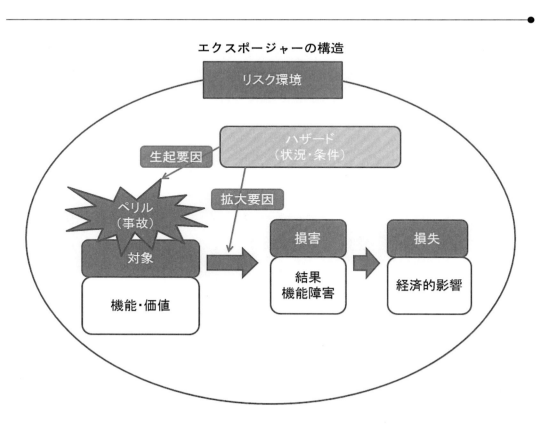

エクスポージャーの構造

設問 3

　火災事故を想定して，生起要因ハザードと拡大要因ハザードの例をそれぞれ３つあげなさい。

（１）　生起要因ハザード	・ ・ ・
（２）　拡大要因ハザード	・ ・ ・

CHECK LIST

チェックリスト

□　リスクの意味を理解できましたか。

□　ペリルとハザードについて理解できましたか。

□　生起要因ハザードと拡大要因ハザードについて理解できましたか。

□　エクスポージャーの構造を理解できましたか。

リスクマネジメント

1．リスクマネジメント

　私たちは，さまざまなリスクに直面しており，また社会の複雑化・高度化により，リスクの種類もますます増加しています。将来の損失につながる可能性のあるこれらリスクを管理しようとする活動をリスクマネジメントといいます。なお，ISO31000では，リスクマネジメントを「リスクについて，組織を指揮統制するための調整された活動」と定義しています。

2．国際規格 ISO31000

　ISO（国際標準化機構）は，2009年11月にリスクマネジメントに関する国際規格ISO31000を公表しています。企業をはじめとする組織は，この規格を参考に自らのリスクマネジメント体制の見直しを行っています。この規格の特徴としては，①枠組みを含む規格であること，②すべての組織に適用できる汎用的な規格であること，③認証用ではなく，ガイドライン規格であること，が挙げられます。

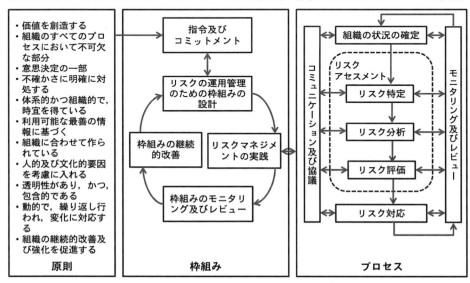

ISO31000におけるリスクマネジメントの原則，枠組みおよびプロセスの関係

この規格において，リスクは「目的に対する不確かさの影響」と定義され，下振れリスクのみならず上振れリスクも対象としています。

3．リスクマネジメントのフロー

前図の「枠組み」の中の「リスクマネジメントの実践」においては，一般的に次のような流れで対応することとなります。

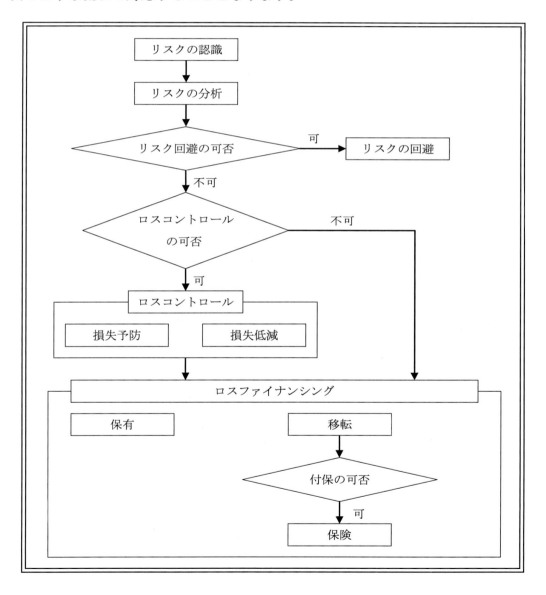

4．リスクマトリクス

　リスクの分析においては，当該リスクの頻度と強度に着目して次のようなリスクマトリクスを作成し，取組みの優先度を決定することとなります。

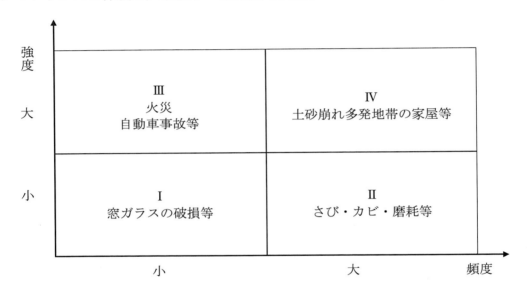

設問 4

　リスクマトリクスのⅠからⅣのリスクにつき，次の有効なリスクマネジメント手法を次から選びなさい。複数選ぶ場合もあります。

リスクマネジメント手法　①回避　②ロスコントロール　③保有　④移転

リスクマトリクスによる分類	有効なリスクマネジメント手法
（1）　Ⅰ	
（2）　Ⅱ	
（3）　Ⅲ	
（4）　Ⅳ	

5．ロスコントロール

　ロスコントロールには，事故の発生自体を小さくする「損失予防」と，事故が発生した場合の損害を極力小さく抑える「損失低減」があります。

設問5

　次のような対策は，ロスコントロールのうち，①損失予防，②損失低減どちらに該当するか答えなさい。

ロスコントロール対策	
（1）　安全点検の実施	
（2）　スプリンクラーの設置	
（3）　耐火素材の利用	
（4）　真空包装による腐敗防止	
（5）　階段の滑り止めの設置	

CHECK LIST

チェックリスト

☐　リスクマネジメントとは何か理解できましたか。

☐　ISO31000におけるリスクの意味を理解できましたか。

☐　リスクマネジメントの流れを理解できましたか。

☐　ロスコントロールとは何か理解できましたか。

☐　ロスファイナンシングとは何か理解できましたか。

☐　損失予防と損失低減の違いを理解できましたか。

☐　リスクマトリクスを理解できましたか。

☐　リスクマトリクスの位置に応じた有効なリスクマネジメント手法について理解できましたか。

Chapter 3 リスクに対処する諸制度

　保険は，リスクに対処する制度として，合理的でありかつ広く活用されてきた制度ですが，保険が登場する前にもさまざまな制度が利用されていました。また，近年においても保険に代わる新たなリスク対処制度が考え出されています。

1．保険以前の制度

○コレギア・テヌイオルム（collegia tenuiorum）

　ローマ帝政時代の庶民階級の共済制度です。加入者は，入会金と月々の会費を支払い，加入者が死亡した場合には，遺族に葬儀費が給付されました。4世紀後半のゲルマン民族大移動によりこの制度は姿を消しました。

○ギルド（guild；Gilde）

　中世から近世初期にかけてヨーロッパにあった同業者組合の制度です。ギルドにおいては，組合員の死亡・火災・疾病および盗難などの損害への給付も行っていました。ギルドは，16世紀以降近代産業の勃興とともに衰退していきました。

○冒険貸借（foenus nauticum）

　冒険貸借とは，ギリシャ・ローマ時代から，主に地中海地方において利用されていた取引です。借り手である船主に融資をし，もし航海が無事であったならば20％を超える高利を取る代わりに，海難事故や海賊事故により航海が挫折した場合は融資の返済を求めないという，現代の融資と保険が融合したような制度でした。

○抛銀

　17世紀初頭の日本で行われていた冒険貸借です。内容は冒険貸借と同じで，ポルトガル人が日本に伝え，朱印船貿易をする博多や堺の商人に利用されていました。幕府の鎖国政策によりこの制度は姿を消すこととなります。

○海上請負

17世紀末の元禄時代以降日本において利用されていた制度です。菱垣廻船や樽廻船の廻船問屋や船主が高額な運送費を荷主からとることにより，受託貨物の輸送中の損害を荷主に対して補償するものでした。

2．相互扶助的制度

○フラターナル組合

フラターナル組合（Fraternal Benefit Society）は，米国における民族，宗教，職業等なんらかの共通点をもつ人々の集団であり，社交の場を提供するとともに，友愛感に基づく相互扶助を行うもので，取り扱う商品は，生命保険，傷害・医療保険，年金です。

もともとは，英国の友愛組合類似の組織でしたが，1868年に賦課方式の生命保険を扱うようになって華々しい成長を遂げ，1895年には保有契約高で普通生命保険を凌駕したこともあります。

○レシプロカル保険

損害保険に関する米国固有の共済制度です。会員（Subscriber）は他の会員の保険を引き受ける一方，自分の保険は他の会員によって引き受けられるというもので，相互会社と似ていますが，相互会社は法人であるのに対し，レシプロカルは非法人であることが異なります。

起源は，1881年に火災保険の保険料率が高いことに不満を抱いた繊維業者6名がニューヨークで形成した組織といわれています。全米自動車保険3位のファーマーズ・グループはレシプロカルを起源としています。

○友愛組合

友愛組合（Friendly Societies）は，ギルドを起源とし，英国において16世紀ころから盛んに行われるようになりました。初期の友愛組合は，埋葬や葬儀のために地域で集まって行う小規模なものでしたが，その後職業別の労働者の相互扶助の組織として発展し，19世紀から20世紀にかけては，労働者階級に死亡・疾病・失業保障を提供する事実上唯一の主体として役割を担ってきました。その後

政府による社会保障が進展するにつれて，友愛組合の役割は縮小していきました。

3．新たな制度

近年，企業が抱えるリスクを伝統的な保険市場ではなく，資本市場を使って処理する手法を投資銀行が開発し，企業に提案するようになってきています。このような保険によらない新たなリスク移転手法をART（Alternative Risk Transfer：代替的リスク移転）といい，リスクの証券化がその代表的なものです。また，デリバティブ（金融派生商品）の開発も顕著であり，価格リスクに対するヘッジ手段として盛んに活用されるようになってきています。

○リスクの証券化
企業のリスクの一部を，当該企業が特別に設立した特別目的会社（SPV：Special Purpose Vehicle）に金融取引で移転し，特別目的会社は証券を発行して資本市場から資金調達するものです。証券は，高い利率となっており，約定事由が発生しなければ満期時に当該利率を乗せて償還されますが，約定事由が発生して特別目的会社が決済金を支払う場合には，利息がなくなったり，元本が欠損したりするような条件となっています。

リスク移転した企業は，心配していたリスクが顕在化したときには，損失が生じますが，償還しないですんだ利息や元本による利益で，損失を補おうという仕組みです。

事業会社が自社のリスクを証券化した世界初の事例は，1999 年にオリエンタルランド（東京ディズニーランドを運営する日本企業）が行った舞浜周辺の直下型地震リスクの証券化であり，2 億ドルをカバーする内容でした。

その後も，2002 年フランス企業ビベンディ（米国のユニバーサルスタジオ等を運営）の地震リスク証券化，2003 年 FIFA のドイツワールドカップが自然災害やテロで中止になるリスクの証券化，同年フランスの電力会社 EdF の風災リスク証券化などが実施されました。

オリエンタルランドの元本リスク型債券の仕組み

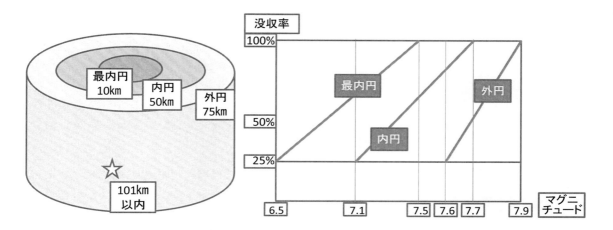

○天候デリバティブ

　天候デリバティブとは,「異常気象・天候不順によって企業が被る損失(財務リスク)をヘッジ(回避・軽減)するために,当事者間で予め定めた期間における予め定めた地点の気象現象を,気象データを用いて指数化(数字に置き換え)し,指数が当事者間で予め定めた一定の条件を満たした場合に,予め定めた指数と実際の気象現象から得られた指数との差異に応じ,金銭を授受する金銭取引」であり,近年保険に替わるリスクヘッジ手段として活用されています。

　日本では,損害保険会社,銀行などが取り扱っており,第一号契約は 1999 年スキー用品店による積雪量が少なかった場合に被る利益減少をヘッジする取引でした。

CHECK LIST
チェックリスト

☐ リスクに対する歴史的な諸制度について理解できましたか。
☐ 冒険貸借とは何か説明できますか。
☐ ART とは何か説明できますか。
☐ リスクの証券化について理解できましたか。
☐ 天候デリバティブとは何か説明できますか。

Chapter 4 保険の歴史

1．海上保険が損害保険のはじまり

　現在，日本において海上保険は損害保険全体の4％弱を占めるに過ぎませんが，世界で最初に登場した損害保険は海上保険でした。大量の貨物を輸送する船の海難リスクは，陸上のどんなリスクよりも大きかったのです。

　海難事故による船体や積荷の損害を補償する現在の海上保険の原型ができたのは，14世紀イタリアにおいてです。13世紀にローマ教皇が徴利禁止令を発令した(注)ために，冒険貸借も禁止され，結果保険機能を分離独立させざるを得なくなって，海上保険が生まれたと考えられています。

　ところで，海上保険や冒険貸借のはじまりはなぜ地中海地方なのでしょう。15世紀末に新大陸航路や喜望峰回り航路が発見されて大航海時代の幕が開きましたが，それ以前の海上交易はもっぱら地中海が中心だったためです。

　（注）　旧約聖書申命記の「汝の兄弟より利息を取るべからず」との戒律を根拠としている。

2．ロイズ

　17世紀の英蘭戦争に勝利し，やがて海上交易の主役は英国になっていきます。英国における海上保険の歴史で有名なものに，テムズ河畔に開店した「ロイド・コーヒー店」があります。当時コーヒー店は戸外における男たちの情報交換の場でした。1688年頃オープンしたエドワード・ロイドの店には，海事関係者が多く集まったため，そこで海上保険取引が盛んに行われていました。ロイドの死後，店に出入りしていた個人保険業者がつくったグループが有名な保険組合「ロイズ（Lloyd's）」です。ロイズは保険会社ではなく，あくまで個人保険業者の集まりです(注)が，人工衛星から女優の脚まで，ロイズに引き受けられない保険はないとまでいわれ，現在でも世界の保険市場で大きな位置を占めています。

　ところで，英国といえば紅茶文化なのになぜコーヒー店なのかという疑問がわ

きます。コーヒー・紅茶は，ともに17世紀に英国にもたらされましたが，当時茶の関税が高く，コーヒーの普及の方が早かったのです。ところが，英国の東インド会社は，1720年代にコーヒー確保をめぐるオランダとの競争に敗退したために紅茶の普及を図るようになり，同時期紅茶の関税も引き下げられたために，その後は紅茶が大いに普及するようになったのです。

（注）　1992年からは，有限責任の法人ネーム（保険の引き受け手）の参加も認められるようになった。

3．海から陸へ

　英国において，保険は海から陸に進出します。きっかけはロンドン大火。1666年9月にパン屋から出火した火は4日間燃え続け，13,200戸を焼き尽くしたといいます。これを機に，ニコラス・バーボンという人物が1681年に最初の火災保険会社である「ファイア・オフィス」を開業したといわれています。当時の火災保険の特徴は，保険会社が自前の消防隊をもっていたことで，自社の保険に加入している証を門前に掲げている家の火災だけを消火したということです。

　米国初の火災保険会社は，1752年に設立されたフィラデルフィア住宅火災相互保険会社ですが，その創始者は凧による稲妻の実験で有名なベンジャミン・フランクリンです。

　陸上にはさまざまな危険があるため，その後，多種多様な損害保険が登場してきます。ガラス保険，傷害保険，盗難保険，自動車保険等々です。自動車保険は今や損害保険の最大種目となっていますが，火災保険より後に誕生した損害保険は，歴史的分類ではすべて「新種保険」と呼ばれます。

損害保険年表

政治・文化関係の出来事	時代	保険関係の出来事
	ギリシャ・ローマ時代	←冒険貸借の登場（地中海地方）
1230年　徴利禁止令（ローマ教皇）→	13世紀	
	14	←このころ海上保険登場（イタリア）
1492年　新大陸航路発見→ 1498年　喜望峰回り航路発見→	15	
1596年　ヴェニスの商人創作 （英国）→	16	
英国にコーヒー・紅茶伝来→ 1652〜1674年　英蘭戦争→ 1688年　ロイド・コーヒー店開店 （英国）→	17	←1681年　火災保険登場（ファイア・オフィス，英国）
1720年　紅茶関税引き下げ， 以降紅茶が普及（英国）→	18	←1752年　米国初の火災保険会社
1865年　『不思議の国のアリス』→	19	新種保険の登場 ←1828年　ガラス保険（フランス） ←1848年　傷害保険（英国） ←1896年　自動車保険（英国）
	20	

４．生命保険の歴史

○英国における生命保険の生成

　1706 年に設立されたアミカブル・ソサイエティが法人格をもった世界最古の保険会社といわれています。しかし，その保険の内容は，年齢にかかわりなく加入者から毎年掛金を集め，掛金総額から積立分を差し引いた残額を，その年に死亡した者の遺族に均等に分配するというものでした。近代保険と比較した場合，年齢による不公平感があること，保険金の額が不確定であることが欠点としてあげられます。

　近代的な生命保険の開祖は，1762 年に設立されたエクイタブル・ソサイエティといわれています。この会社は，アクチュアリーを置き，加入年齢別の平準保険料方式をとった最初の生命保険会社です。

○日本への導入

　日本に生命保険を広く伝えたのは福沢諭吉であり，1867 年出版の『西洋旅案内』の中で「人の生涯を請合ふ事」として生命保険を紹介しています。

　その後，生命保険会社が次々に設立されます。米国初期の株式会社組織の流れをくみ株式会社として設立されたのが，1881 年の明治生命（現在の明治安田生命），1888 年の帝国生命（現在の朝日生命）であり，英米の共済組合的な流れをくむものが，1878 年の共済五百名社（現在の明治安田生命），英国またはドイツの相互組織の流れをくみ相互会社として設立されたのが，1902 年の第一生命，1904 年の千代田生命（現在のジブラルタ生命）といえます。

CHECK LIST
チェックリスト

☐　損害保険のはじまりについて理解できましたか。
☐　火災保険のはじまりについて理解できましたか。
☐　生命保険のはじまりについて理解できましたか。

Chapter 5 保険とは

1. なぜ「保険」というのか

　保険という言葉に慣れていない若者が「保健」と誤記してしまうのには，同情の余地もあります。「保健」は「健康を保つ」と理解しておけば簡単ですが，「保険」は，「危険を保つ」なら，危険のまま？　ということになってしまい，確かに覚えにくいのです。

　「保険」という漢字は，清の時代の終わり頃に香港や上海で出版された英華辞典にインシュアランスの訳語として登場し，1877年頃から日本でも使用されはじめたといわれています。中国における「保険」という言葉は，『隋書』「劉元進伝」などに出典があり，もともとは「険要の地に立てこもる」という意味です。つまり，保険の「険」は，危険の「険」ではなく，逆に危険な外敵から身を守ってくれる要害の「険」なのです。

2. 保険とは

　日本のどの法律にも，保険そのものについては定義がなされていません。人類は，長い時間をかけて，損害保険，生命保険，さらには社会保険等を作り上げてきましたが，それらを改めて一元的に定義するのは無理であるし，さほど意義が見いだせないということなのです。しかしながら，あえてざっくりと定義するならば，「保険とは，経済的な損失を被るリスクを抱える個人や企業などの多数の経済主体が集まり，万一リスクが具現化した場合に，それによる損失を補てんする社会システムである。」といった説明になるでしょう。

　保険には，国等が政策目的達成の手段として運営する公保険と企業等が純粋な経済的見地から運営する私保険があり，さらに私保険は，保険法の規定では，損害保険，生命保険および傷害疾病定額保険に分けられています。

保険の分類

大分類	小分類	概　要	例
公保険	社会保険	国等の社会保障政策の手段として行われる保険	健康保険，年金保険，介護保険，雇用保険，労災保険等
	産業保険	国等の産業・経済政策の手段として行われる保険	貿易保険，農業保険，森林保険，中小企業信用保険，漁船保険等
私保険	損害保険	損害のてん補を約する保険	自動車保険，火災保険，海上保険等
	生命保険	人の生死に関して定額給付を約する保険	終身保険，定期保険，養老保険等
	傷害疾病定額保険	人の傷害疾病に関して定額給付を約する保険	傷害保険，医療保険，がん保険等

３．リスクと保険

　リスクについてはさまざまな分類例がありますが，代表的なものは，純粋リスクと投機的リスクに区分するものです。純粋リスク（pure risk）とは，損失のみを発生させるリスクであり，投機的リスク（speculative risk）とは，利益または損失を発生させるリスクです。

純粋リスク	火災，地震，風水災，自動車事故，盗難
投機的リスク	為替変動，価格変動，新商品開発

　保険可能なのは純粋リスクであり，投機的リスクは一般的には保険不能です。

設問 6

純粋リスクと投機的リスクについて説明しなさい。

4．保険契約の特徴

　たとえば売買契約のような一般的な契約と比較した場合，保険契約には次のような特徴的な性格があります。

（1）射倖契約性

　保険契約も売買契約もともに双務契約^(注)ですが，売買契約の場合は売手・買手ともその債務は確定債務であるのに対して，保険契約の場合は保険契約者の保険料支払債務は確定債務ながら保険者の負担する保険金支払債務は条件付の債務です。このように，契約当事者の一方の債務が条件付の契約を射倖契約といいます。射倖契約では，少額の給付で場合によっては高額の反対給付を得られることから，不労利得を目的に悪用されるおそれがあります。したがって，保険契約においては，保険契約者に高度な善意と信義誠実が求められるのです。

　（注）　契約当事者双方が債務を負担する契約。売買契約の場合は，売手には所有権移転債務，買手には代金支払債務が生じることとなる。

（2）附合契約性

　保険契約は，多数の保険契約者が利用するため，1件1件契約書を作成するわけにはいかず，あらかじめ保険会社が作成した契約内容（保険約款）に基づいて契約することとなります。このような契約を附合契約といい，電気・ガス・運送などと同様に約款による契約で大量取引がなされています。附合契約は，契約内容について当事者間に情報格差が存在するため，約款を作成した保険者側に十分な説明義務があるといえます。

5. 保険の用語

○**保険料**（premium）
　保険者の危険負担に対して保険契約者が支払う報酬。
○**保険金**（insurance payment）
　事故発生の場合に保険者から被保険者・保険金受取人に支払われる金銭。
○**保険金額**（amount of insurance）
　保険者の支払い責任の最高限度額（損害保険）。
　事故が発生した場合に支払われる一定の金額（生命保険）。
○**保険価額**（insurable value）
　被保険利益の経済的価値。生命保険には，保険価額の概念はありません。
○**保険期間**（term of insurance）
　事故が発生した場合に保険者が支払責任を負う期間。
○**免責事由**（exclusion）
　保険者が保険金の支払いを免れる事由。

≪保険の用語の留意点≫

　保険の用語は，ほとんどが保険者の立場からの用語となっています。上記の「免責」なども保険者が保険金支払責任を免れるということです。「保険者」自体が保険者の立場からの用語であり，保険の利用者側には「被保険者」が使われています。このあと出てくる「収支相等」「給付・反対給付」「危険の選択・逆選択」等もすべて保険者から見た用語使いです。

Chapter 5　保険とは　21

Chapter
6

保険制度を支える原則

　保険は，次のような原則に留意しながら運営されています。

1．等価原則

○収支相等の原則

　保険は，法的には保険契約者と保険者との間の契約行為ということになりますが，経済的には同種のリスクを有する集団の相互扶助の制度として発展してきました。すなわち，みんなが少額の金銭をもち寄ってそれをプールしておき，不幸にして事故にあった人に給付を行うということです。この場合，プールされていた資金は全額給付に当てられるべきであり，これを収支相等の原則といいます。

　なお，これでは保険会社の人件費や利益が出ないではないかという疑問が生じます。保険料は，純保険料（将来支払う保険金の原資部分）と付加保険料（保険者の社費・利潤，代理店手数料等に充てる部分）に分けられますが，収支相等の原則は純保険料部分に適用されているのです。

　収支相等の原則は，保険契約者数を n，保険料を P，事故にあった者の数を r，保険金を Z とすると，nP＝rZ で表わされます。

収支相等の原則　　nP＝rZ

○給付・反対給付均等の原則

　前式の両辺を n で割ると，$P=\dfrac{r}{n}Z$ となります。保険契約者が支払う個別保険料は，事故発生確率に平均保険金を乗じたもの，すなわち保険金の数学的期待値に等しいということを示しています。

　ただし，保険集団は必ずしも同一のリスクを有しているわけではないので，$\dfrac{r}{n}$ を事故発生確率 ω に置き換えると，$P=\omega Z$ となります。これは，個別の契約者が支払う保険料は，その契約者の事故発生確率 ω が大きいほど高くなり，その契約者に発生しうる損害額 Z が大きいほど高くなることを示しています。したがって，給付・反対給付均等の原則は，公平（衡平）の原則とも呼ばれています。

22　総　　論

$$\text{給付・反対給付均等の原則} \quad P = \frac{r}{n}Z = \omega Z$$

設問 7

　保険制度を支える原則として「給付・反対給付均等の原則」がありますが，ここでいう給付は何を指し，反対給付は何を指しているのかを説明しなさい。

設問 8

　給付・反対給付均等の原則は，公平の原則とも呼ばれ，個々の保険契約者はそれぞれのリスクに応じた保険料を支払うということを表していますが，実際の保険においてはどのような手段によってこれを達成しているでしょうか。自動車保険を例にあげて説明しなさい。

2．統計法則

○大数の法則
　大数（たいすう）の法則とは，「ある事象が起こる確率は，観察数を多くするほど真の値に近づく」というものです。

Chapter 6　保険制度を支える原則　23

たとえば、サイコロを振って1の目が出る真の確率は1/6ですが、6回振ってみたときに1の目が1回出るのはかえって稀かもしれません。しかし、振る回数を100回、1,000回、1万回、10万回と増やしていけば、どんどん1/6の確率に近づいていきます(注)。

　保険料率は、事故発生の確率を過去のデータに基づいて算出したうえで、将来の変動を予測し修正を加えて決定されています。ここで重要なのは、確率算出に使用する過去のデータが大数の法則に乗るほど大量でなければ、安定的な確率にならないということであり、そのため保険会社は保険料率算出に際しできるだけ大量の保険金支払データや事故データを収集しているのです。

　大数の法則は、契約数にも関係します。せっかく真の値に近い保険料率を算出していても、その保険の契約数が大数の法則に乗らないほどの少数であれば、その契約集団での事故発生確率は予測した確率（保険料率）との乖離が大きくなり、安定的な保険運営ができないことになるためです。

（注）　サイコロの場合は事前に真の確率がわかっているため当たり前のように思えるが、大数の法則のすばらしいところは、もし真の値が事前には不明であっても、大量観察すれば真の値がおおよそわかるということである。

　大数の法則は、スイスの学者ヤコブ・ベルヌーイによって確立されましたが、バーンスタインは『リスク―神々への反逆』のなかで、つぼのなかに一定の比率で白石と黒石が入っている場合に、石を1つ取り出して記録しそれをつぼに戻す観察を何度も繰り返すと、白石と黒石の比率がわかるという例を紹介しています。

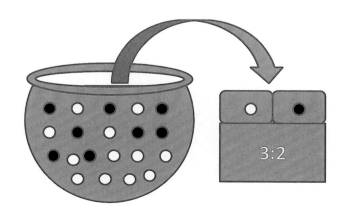

設問 9

大数の法則が保険にとって重要な統計法則である理由を記述しなさい。

CHECK LIST
チェックリスト

□ 保険契約における等価原則を理解しましたか。

□ 大数の法則が保険にとってなぜ重要なのか理解できましたか。

Chapter 7
逆選択とモラルハザード

　保険契約の当事者には，情報量に差があり，これを情報の非対称性といいます。情報の非対称性を放置しておくと，科学的に算出された保険料に見合う保険運営が阻害されることになります。情報の非対称性の問題としては，逆選択とモラルハザードがあります。

1．逆選択

　逆選択は，契約前の情報の非対称性の問題です。自身のリスクの大きさについては，保険契約者は熟知していますが，保険会社には情報がありません。保険契約者は，自身のリスクに比べて保険料が高いと判断すれば付保せず，自身のリスクに比べて保険料が低いと判断すれば付保することでしょう。この保険契約者の付保選択のことを逆選択といいます。

　逆選択を放置しておくと，リスクの高い者のみの保険集団となってしまい，保険市場は崩壊してしまいます。

設問 10
　保険者は逆選択にどのように対処しているか，説明しなさい。

26　総　論

２．モラルハザード

　モラルハザードは，契約後の情報の非対称性の問題です。保険を契約した後，保険契約者・被保険者がどのように行動するかが保険者にはわからないということです。ここでいうモラルハザードには，正確にいえば道徳危険（モラルハザード）と気の緩み（モラールハザード）両方の概念が含まれています。モラルハザードとは，たとえば生命保険における保険金殺人や，火災保険における放火などです。モラールハザードとは，保険をつけていないときには事故を起こさないよう，慎重に行動していた人が，保険をつけたときには経済的な補償があることに安心して慎重な行動を怠ることなどです。事故が発生した後に，損害の拡大防止を怠ることもモラールハザードに含まれます。このようなモラルハザード・モラールハザードが生じると，やはり保険成績が想定していたものよりも悪化し，健全な保険の運営を阻害します。

設問 11

　保険者はモラルハザードにどのように対処しているか，説明しなさい。

3. 保険契約者等の規律づけ

　逆選択やモラルハザードを防止するためには保険契約者・被保険者を規律づける必要があり，保険法や保険約款は次のような義務を保険契約者・被保険者に課し，それに違反した場合のペナルティを定めています。

○告知義務
　保険契約締結時に，保険契約者または被保険者が保険会社に対して重要な事実を告げなければならず，また，重要な事実につき不実のことを告げてはならない義務のことをいいます。保険契約者等がこの義務に違反した場合には，保険会社は，保険金を支払わなかったり，保険契約を解除したりすることができます。

○通知義務
　保険契約締結後に一定の事実が発生した場合，保険契約者または被保険者が，保険会社に対してその事実を通知しなければならない義務のことをいいます。保険契約者等がこの義務に違反した場合には，保険会社は，保険金を支払わなかったり，削減したりすることができます。

○損害防止軽減義務
　損害保険の約款では，保険契約者および被保険者に，損害の発生を防止し，事故が発生した場合には損害の拡大を軽減する義務が課せられています。合理的に行動していれば軽減できたと判断される損害については，保険金が支払われない旨が規定されています。

設問 12

　保険契約においては，2つの情報の非対称性があり，リスクの大きさについては保険契約者が情報優位であり，契約内容については保険者が情報優位です。逆選択を考慮して，保険契約者には告知義務が課せられ厳しく規律づけられていますが，これを運用する際に保険者が留意すべきことを論じなさい。

CHECK LIST
チェックリスト

- ☐ 逆選択とは何か理解しましたか。
- ☐ モラルハザードとは何か理解しましたか。
- ☐ 逆選択とモラルハザードが健全な保険運営を阻害する理由を理解しましたか。
- ☐ 告知義務とは何か理解しましたか。
- ☐ 通知義務とは何か理解しましたか。

Chapter 8 保険契約の基礎

1．保険契約の当事者

○保険者（insurer）

　保険契約の当事者のうち，保険給付を行う義務のあるものを保険者といいます。保険業法上，保険会社は資本の額または基金の総額が10億円以上の株式会社または相互会社で，内閣総理大臣の免許を受けた者でなければならないとされています。また，少額短期保険業者の特例がおかれ，少額・短期・掛捨ての商品のみを取り扱う小規模事業者は，資本金・供託金が1,000万円以上であって内閣総理大臣に登録を受けた者が営業を行えます。

　1つの保険契約について，保険会社は一般に1社ですが，損害保険の場合，巨大リスクについて数社の保険会社が共同して引き受けることもあり，これを共同保険契約と呼びます。このようなとき保険各社は連帯して債務を負担することとなります。

○保険契約者（policy holder）

　保険契約の当事者のうち，保険料を支払う義務のあるものを保険契約者といいます。

2．保険契約の仲介者

○損害保険代理店（agent）

　損害保険会社の委託を受けて，その損害保険会社のために保険契約の締結の代理または媒介を行う者をいいます（保険業法第2条第21項）。

　損害保険代理店と委託保険会社との関係は，「損害保険代理店委託契約書」に記載されています。損保代理店は商法上の代理商に該当することから，保険会社の名において契約を締結する代理権を有しています。一般に保険会社からは保険契約の締結，保険料の受領，告知事項など契約内容にかかわる情報の受領（いわゆる告知受領権）などを任されています。

30　総　論

○生命保険募集人（life underwriter）

　生命保険会社の使用人または生命保険会社の委託を受けた者で，その生命保険会社のために保険契約の締結の代理または媒介を行う者をいいます（保険業法第2条第19項）。

　しかしながら，一般に生命保険会社の生保募集人（営業職員を含む）は，生命保険会社を代理して保険契約を締結する権限を有していません。保険契約の申込みに対して，それを承諾するときは被保険者の健康状態のほか，道徳的危険選択の面からの観点も加え，医師等専門的な査定者により総合的に判断を行う必要があるからとされています。つまり媒介の権限のみを有する生保募集人には告知受領権はないということとなります。

○保険仲立人（broker）

　所属保険会社のために保険契約の締結の代理または媒介を行う者とは違い，保険会社と契約者の間で契約者の側に立ち，最も適切と思われる保険契約を媒介する者をいいます（保険業法第2条第25項）。

　この保険仲立人は，海外の保険ブローカー制度をわが国に導入したものです。特に欧米では，企業の保険契約はブローカーがまとめることが多く，保険の自由化，国際化を踏まえ新設された制度といえます。

3．当事者以外の関係者

○損害保険契約の被保険者（insured）

　損害保険契約にあっては，被保険者は，損害保険契約によりてん補することとされる損害を受ける者（保険法第2条）であり，被保険利益（保険法第3条）の帰属主体です。そのため被保険者は，保険事故が発生したとき，保険金を請求する権限を有することとなります。保険契約者が被保険者である場合は，自己のためにする契約となりますが，異なっている場合は第三者のためにする契約となります（保険法第8条）。

○生命保険契約の被保険者

　生命保険にあっては，被保険者は，その者の生存又は死亡に関し保険者が保険

給付を行うことになる者（保険法第2条）です。これからすれば生命保険の被保険者は，損害保険の「保険の目的物」（例，火災保険の建物）に近い概念といえます。第三者を被保険者とする契約については，被保険者の同意が必要とされています（保険法第38条）。そして，生命保険では保険事故が発生したときに保険金請求権を有する者は，「保険金受取人」としています。

○生命保険契約の保険金受取人（beneficiary）

　生命保険契約において，保険金受取人として指定された者をいいます。損害保険については被保険利益が前提条件となっていますが，生命保険では被保険利益の概念は存在しないことから，被保険者以外の者が保険金受取人であっても当然に適法となります。

4．被保険利益

　保険法第3条は，金銭に見積もることができる利益に限り，損害保険契約の目的とすることができるとしており，この利益のことを被保険利益といいます。
　なお，人の命は金銭に見積もることができないという理由から，生命保険や第三分野の保険については被保険利益の概念はありません。

設問13

損害保険契約における「保険契約の目的」と「保険の目的物」の違いを説明しなさい。

32　総　　論

設問 14

生命保険における「第三者のためにする生命保険」と「第三者を被保険者とする生命保険」を説明したうえで，「第三者を被保険者とする生命保険」について保険法がどのように規制しているかを述べなさい。

設問 15

生命保険，損害保険それぞれについて，保険契約者，被保険者および保険金受取人の関係を記述しなさい。

Chapter 9 損害保険と生命保険

1．損害保険と生命保険のちがい

　保険法以前の商法の規定によれば，損害保険は，一定の偶然の事故によって生ずることのある損害をてん補することを約し，保険料を収受する保険とされ，一方生命保険は，人の生存または死亡に関し，一定額の保険金を支払うことを約し，保険料を収受する保険とされていました。

2．第三分野問題

　上記商法の規定は，損害保険でない保険は生命保険である，という関係になっていません。傷害保険や医療保険は，後遺障害・手術・入院・通院について定額給付を行いますが，これらは人の生死に関する定額給付ではないため生命保険には該当せず，損害てん補をするものではないため損害保険にも該当しないことから，損害保険会社・生命保険会社のどちらが扱うべき保険なのかが判然としていませんでした。これが第三分野問題と呼ばれるものです。

　1965年，当時の監督官庁である大蔵省によって，傷害保険は損保が取扱い，生保は単独商品としては発売しない，医療保険（疾病保険）は生保が取り扱う，さらに損保に疾病死亡を認めるのは海外旅行傷害保険に限るとの裁定がなされ，実務的には整理がなされました。しかしながら，法律的には，2008年成立の保険法が，損害保険・生命保険とは別に「傷害疾病定額保険」という契約種類を規定することにより，ようやく整理されました。

3．生損保の相互参入

　生命保険と損害保険は同一人が営むことはできません（保険業法第3条第3項）が，1995年の保険業法改正により，傷害・疾病・介護等第三分野の保険については，定額払い・実損払い（損害てん補）を問わず，損害保険会社・生命保険会社双方が取り扱うことができるようになり，本体での相互参入が実現しています。

34　総　　論

また，子会社による相互参入は，1993年の保険業法改正により実現しており，損害保険会社は生保子会社設立による生命保険販売が，生命保険会社は損保子会社設立による損害保険販売が，それぞれ可能となっています。

　第三分野への相互参入は，1996年に合意した日米保険協議において，主要分野の規制緩和を確認してから実施されることとなっていたため，実際に実現したのは，子会社による相互参入は2001年1月，本体による相互参入は2001年7月でした。

4．保険類似制度

　共済，自家保険など保険の周辺上に類似の諸制度があります。特に各種協同組合が営む共済は，契約者数も多く，実態は極めて保険に接近したものとなっています。2005年の保険業法改正で，従来無認可共済と呼ばれていたものも保険業とされ，金融庁による規制・監督がなされることとなりました。

　現在共済としての運営が認められているのは，下記の根拠法のある共済（制度

制度共済一覧

根拠法	共済事業実施団体	愛称／名称
農業協同組合法	全国共済農業協同組合連合会	JA 共済連
消費生活協同組合法	全国労働者共済生活協同組合連合会	全労済
	日本コープ共済生活協同組合連合会	コープ共済連
	日本再共済生活協同組合連合会	日本再共済連
	全国大学生活協同組合連合会	全国大学生協連
	全国共済生活協同組合連合会	生協全共連
	全国生活協同組合連合会	全国生協連
水産業協同組合法	全国共済水産業協同組合連合会	JF 共水連
中小企業等協同組合法	全日本火災共済協同組合連合会	日火連
	全国中小企業共済協同組合連合会	中小企業共済
	全国自動車共済協同組合連合会	全自共
	全国トラック交通協同組合連合会	交協連
農業災害補償法	全国農業共済協会	NOSAI 全国

共済）のほか，1つの企業内の共済，1つの学校内の共済，1,000人以下を対象とする共済等に限られています。

5．少額短期保険業者

　従来無認可共済として営業していたものを，新たに保険業として規制するのにあたり，小規模な業者が多いことに配慮して開業規制を保険会社に比し緩和した特例措置が取られました。少額短期保険業者は，開業にあたり登録すればよく（保険会社は免許），また資本金の額も1,000万円（保険会社は10億円）以上とされています。

○少額とは

保険種類	被保険者1名あたり保険金額	被保険者1名あたり合計保険金額
損害保険	1,000万円	1,000万円
傷害による重度障害	600万円	
疾病による障害・死亡	300万円	
疾病・傷害による入院給付	80万円	

○短期とは

保険種類	保険期間
損害保険	2年
その他の保険（生命保険，第三分野保険）	1年

設問 16

少額短期保険業制度につき，その概要と導入経緯を説明しなさい。

CHECK LIST

チェックリスト

- ☐ 損害保険と生命保険の違いを理解できましたか。
- ☐ 第三分野の生損保相互参入について理解できましたか。
- ☐ 少額短期保険業について理解できましたか。

Chapter 10 各種の生命保険と第三分野保険

1．生命保険

○死亡保険

死亡保険は，被保険者の死を保険事故とする保険です。

• 終身保険

死亡保障が一生涯続くものであり，いつかは必ず保険金を受け取ることとなります。人の死は必然ですが，いつ死が訪れるかは不確実であるため，終身保険はタイミングリスクを対象にしているともいわれます。

• 定期保険

一定の保険期間内に被保険者が死亡した場合に保険金が支払われる保険です。満期給付がないため，ほかの保険に比し低廉な保険料で高額な死亡保障が得られます。満期時に契約を継続したい場合には，更新手続きをすることとなり，更新後の保険料は年齢が進行しているために更新前より高くなります。

○生存保険

生存保険は，満期時における被保険者の生存を保険事故とする保険です。下記の保険は生存保険の代表的なものですが，保険期間内に被保険者が死亡した場合には，既払込保険料程度の死亡給付がなされることとなっています。

• 貯蓄保険

満期時に生存していれば満期保険金が支払われる保険です。

• こども保険

満期時に加え，小学校入学時，中学校入学時などの一定時点における被保険者の生存を条件に生存給付金が支払われる保険です。

○生死混合保険

• 養老保険

被保険者が満期時に生存していれば満期保険金が支払われ，保険期間中に死亡すれば満期保険金と同額の死亡保険金が支払われる保険です。

38　総　論

○個人年金保険

公的年金も保険制度を利用していますが，公的年金だけでは老後に必要な生活費をまかないきれないことから，民間保険会社も年金保険を扱っており，これを個人年金保険といいます。個人年金保険では，年金受取開始年齢まで保険料を払い込み，その原資をもとに以降年金が支払われます。なお，年金の受取がはじまる前に被保険者が死亡した場合には，払込保険料相当額の死亡保険金が支払われます。

- 終身年金

  被保険者が生存している限り年金が支払われるものです。生死に関係なく年金が支払われる保証期間をつけたものを保証期間付終身年金といいます。

- 確定年金

  被保険者の生死に関係なく，契約時に約定した一定期間に年金が支払われるものです。

- 有期年金

  契約時に約定した一定期間の中で，被保険者が生存している限り年金が支払われるものです。生死に関係なく年金が支払われる保証期間をつけたものを保証期間付有期年金といいます。

- 夫婦年金

  夫婦のいずれかが生存している限り，年金が支払われるものです。

○変額個人年金保険

株式や債券を中心に資産を運用し，運用実績によって年金額が増減する保険です。元本割れする可能性もあり，ハイリスク・ハイリターンの商品ですが，インフレリスクへの対応には優れています。

2．第三分野の保険

○医療保険

疾病による手術や入院に対し，手術給付金，入院給付金，退院給付金，通院給付金等を定額で支払う保険です。保険自由化前は，この保険を単品で扱えるのは外資系保険会社に限られ，国内生保は特約で販売していましたが，自由化後は生

保・損保とも単品で販売できるようになりました。

損保会社は，実損方式の医療費用保険を自由化前から扱っていましたが，生保でも実損方式の医療保険を発売する会社が出てきました。

○がん保険

がんのみに特化した医療保険ががん保険です。この保険では，がんと診断されたときに診断給付金が支払われ，入院・手術時には入院給付金・手術保険金が，その後の通院・在宅療養時には通院給付金・在宅給付金が支払われます。

○介護保障保険

介護にも公的保険である介護保険がありますが，保険給付には要介護度に応じたサービスの限度があります。介護保障保険は，民間保険会社が扱うもので，認知症や寝たきりで要介護状態となったときに，保険金や給付金を一時金として支払うものです。

≪高額療養費制度≫

医療保険は，公的医療保険の自己負担分に備える保険ですが，医療費が高額となる場合には，公的医療保険の高額療養費制度により，自己負担額には一定の限度があることに注意しなければなりません。すなわち，公的医療保険の自己負担額は高額医療を受けることによって青天井で増加するのではなく，たとえば中程度の所得者であれば，最初の3カ月は80,100円＋a，4カ月目以降は44,400円で済むのです。これを踏まえたうえで，医療保険への加入の必要性を判断する必要があるでしょう（ただし，固形がんに対する陽子線治療や重粒子線治療のような先進医療は，公的医療保険の対象外であることから，高額療養費制度の対象とならず，当該治療の技術料は全額患者の自己負担になることに注意しておかなければなりません）。

公的医療保険高額療養費制度における自己負担額の限度 （70 歳未満）

所得区分	ひと月あたりの自己負担額 （円）
年収約 1,160 万円～ 健保：標報 83 万円以上 国保：年間所得 901 万円超	252,600 ＋ （医療費 － 842,000）× 1% ＜多数回該当：140,100 ＞
年収約 770 ～約 1,160 万円 健保：標報 53 万～ 79 万円 国保：年間所得 600 万～ 901 万円	167,400 ＋ （医療費 － 558,000）× 1% ＜多数回該当：93,000 ＞
年収約 370 ～約 770 万円 健保：標報 28 万～ 50 万円 国保：年間所得 210 万～ 600 万円	80,100 ＋ （医療費 － 267,000）× 1% ＜多数回該当：44,400 ＞
～年収約 370 万円 健保：標報 26 万円以下 国保：年間所得 210 万円以下	57,600 ＜多数回該当：44,400 ＞
住民税非課税者	35,400 ＜多数回該当：24,600 ＞

（2015 年 1 月より）

（注）多数回該当とは，年に 4 回以上高額療養費に該当する療養を受けた月がある場合の，4
回目の該当月以降からの自己負担額。

CHECK LIST
チェックリスト

- □ 主な死亡保険を説明できますか。
- □ 主な生存保険を説明できますか。
- □ 生死混合保険とは何か説明できますか。
- □ 主な個人年金保険を説明できますか。
- □ 生命保険会社が販売する主な第三分野保険を説明できますか。

Chapter 11 保険経営―保険の引受け

1．会社形態の特徴

　保険業法は，保険業を営むことができるのは，資本金または基金が 10 億円以上の株式会社または相互会社のみと規定しています。相互会社は，保険事業だけに見られる会社形態であり，保険契約者が所有する会社です。株式会社の株主総会にあたる最高意思決定機関は，保険契約者の代表である総代による社員総代会です。

　現在，損害保険会社はすべて株式会社ですが，大手の生命保険会社の多くは相互会社形態をとっています。

設問 17

相互会社における社員とは何か，説明しなさい。

2．相互会社の株式会社転換

　旧保険業法には，株式会社から相互会社への転換規定のみがありましたが，1996 年施行の新保険業法において新たに相互会社から株式会社への転換規定が新設されました。これを用いて，2002 年に大同生命，2003 年に太陽生命が株式

会社に転換し，さらに 2004 年に持株会社 T ＆ D ホールディングスを設立，三井生命も 2004 年に株式会社に転換，第一生命も 2010 年に株式会社に転換しています。

3．販売チャネル

○生命保険

　生命保険の主力チャネルは，保険会社が直接雇用する営業職員であり，個人保険契約の約 6 割はこのチャネルによって販売されています。また，外部委託となる募集代理店はシェア 15.3 ％，インターネット等による通信販売はシェア 6.4％となっています（2021 年生命保険に関する全国実態調査）。

　保険会社による販売チャネルの特徴としては，国内生保会社は営業職員を主なチャネルとし，医療保険を主力とする外資系生保会社は募集代理店や通信販売を主なチャネルとしています。

　営業職員や募集代理店（生命保険募集人）は，旧保険業法では 1 社専属でしたが，新保険業法ではこの規制が緩和され，一定の資格をもつ生命保険募集人は複数の保険会社の商品が扱えるようになりました。

○損害保険

　損害保険の主力チャネルは，損害保険代理店であり，扱い収入保険料は全チャネルの 90.5％ を占めています（2023 年日本の損害保険ファクトブック）。損害保険代理店には，保険代理業を専業とする専業代理店と，自動車ディーラー・修理工場・旅行代理店など他業と保険代理業を兼業する兼業代理店があります。 また，1 つの保険会社の商品のみを扱う専属代理店と，複数の保険会社の商品を扱う乗合代理店があります。

　新保険業法で新設された保険仲立人は，中立的な立場で保険を媒介するものですが，2023 年のシェアは 0.9％ にとどまっています。

4．アンダーライティング

　保険申し込みに対する保険会社の引受判断をアンダーライティングといいます。この名称は，保険引受人が保険引受けを承認する際に，保険証券の下欄に署名を

行っていたことに由来します。

　リスクに関する情報量は保険契約者側に多く，保険会社がアンダーライティングを怠ると，逆選択によりリスクの高い契約が集まることとなり，その保険成績は想定したものよりも悪くなって，保険会社の経営を圧迫するとともに，将来保険料が上がることにつながり保険契約者の不利益にもなります。

○損害保険家計分野のアンダーライティング

　契約数が多数に上ることから，アンダーライティング要領が体系化され，定型的な取り扱いがなされています。具体的には，契約申込時に重要事項（たとえば，事故歴や他保険の有無）について契約者に告知を求め，これに基づいて契約条件を決定しています。

○損害保険企業分野のアンダーライティング

　大規模な物件の火災保険などでは，現場を実際に調査してリスクを判定し，保険料を算出しています。また，実地調査に基づくレポートを作成し，リスク低減策を提案することもあります。

○生命保険のアンダーライティング

　死亡保険においては，医事診査を行うことにより，被保険者の健康状態を確認したうえで，引き受けの承認をします。

5．契約の保全

　多くが1年契約である損保と違い，保険期間が一般に長い生保の契約では，結婚や出産といった人生のイベントが生じ，保険金額を増額したり，特約を付加したりという，契約内容の見直しニーズが発生します。営業職員が保険契約者のもとを定期的に訪問して，加入している契約が保険料の不払いで失効したりすることがないようにするとともに，新たなニーズを確認したり，加入している契約内容の再確認をしたりすることを契約の保全業務といいます。

　たとえば，医療特約を付保している保険契約者が，入院後の通院についても給付金が出ることをよく理解していなかったなどの理由により，大量の給付金支払

い漏れが発生するという問題がありましたが，この原因の1つとして営業職員の
給与体系が新契約偏重であったために契約保全が十分でなかったことが認識され，
最近では契約保全重視の給与体系に改善するなどして，契約保全業務の充実が図
られています。

CHECK LIST

チェックリスト

☐ 相互会社とは何か理解できましたか。

☐ 損害保険，生命保険の主な販売チャネルを理解しましたか。

☐ 保険のアンダーライティングとは何か理解しましたか。

Chapter 12　保険経営—保険料と保険金支払い

1．保険料

○生命保険の保険料

　死亡保険の保険料は，予定死亡率，予定利率および予定事業費率によって計算されています。このうち，予定死亡率には，日本アクチュアリー会が作成する生保標準生命表が利用されています。死亡率は年齢に応じて高くなりますので，加入者が負担すべき死亡保険料は1年ごとに高くなります（これを自然保険料といいます）が，実際の契約においては，加入時の年齢で決まる保険料が保険期間中変わらない平準保険料が使用されています。

設問 18

平準保険料とは何か，説明しなさい。

○損害保険の保険料

　損害保険の保険料は，予定損害率および予定事業費率によって算出されています。損害保険は死亡保険と異なり一部損もあり得ますので，予定損害率には事故発生率のみならず損害の程度も加味されています。また，損害保険会社はすべて株式会社で営利企業なので，予定事業費率のなかには利潤率も組み込まれています。

46　総　論

2．生命保険会社の三利源

　死亡率が予定より低かった場合，利率が予定を上回った場合ならびに事業費が予定よりも低かった場合には，生命保険会社に利益に相当する剰余金が残ることとなります。これらを死差益，利差益，費差益といい，合わせて生命保険会社の三利源といいます。剰余金は，契約者配当として，保険契約者に還元されることとなります。

　2005 年度決算からは，大手生命保険会社は三利源の内訳を公表するようになっています。

設問 19

生命保険会社の三利源を説明しなさい。

3．保険契約準備金

　保険業は，先に保険料を収受し後で保険金を支払う事業ですので，将来の支払いに備えた資金が確保されている必要があります。このため，保険会社は毎年決算期末に準備金を積み立てることが保険業法で規定されています。

　準備金には，支払備金，責任準備金，契約者配当準備金などがあります。

Chapter 12　保険経営―保険料と保険金支払い　47

設問 20

責任準備金とは何か，説明しなさい。

4．資産運用

　保険会社は，保険料受領から保険金支払いまでにタイムラグがあることから，その間保険資産の運用を行います。運用収益があがることにより保険契約者の保険料負担を軽減することができますので，保険会社の重要な業務です。多数の保険契約者の保険料を預かるという公共性から，安全な運用が求められており，一般勘定におけるハイリスク・ハイリターンの運用には，たとえば国内株式・外貨建資産はそれぞれ全体の 30％ 以内，不動産は全体の 20％ 以内といった制限がかけられています。

5．損害調査

　損害保険では，保険金額を限度に実際に生じた損害額に対して保険金を支払うため，保険事故の際には保険会社が損害の調査を行います。被保険者から，事故の報告を受けたら，契約内容を確認のうえ，損害状況を調査し，保険金の額を確定して，保険金を支払います。

　保険金支払いという，保険の核となるサービスを提供する業務ですので，迅速かつ適正に損害額を確定し，早期に保険金を支払うことが求められています。自動車保険などでは，示談代行や被害者直接請求への対応など，被保険者の負担を軽減するサービスも行っており，顧客満足を得るために重要な業務であるといえます。

6．生命保険の保険金支払い

　生命保険は，定額払いの保険であるため，損害額の算定の業務は必要ありません。したがって，保険金請求書類で保険事故の確認ができれば，速やかに保険金を支払うこととなります。しかしながら，告知義務違反の疑いがある場合や保険契約者が故意に被保険者を死亡させた等の免責条項に該当する疑いがある場合には，事実究明の調査を行うこととなります。

7．業界再編

　新保険業法の施行や，保険自由化による競争の激化から，2001年以降業界の再編が進んでいます。損保では，あいおい損保（大東京＋千代田），日本興亜損保（日本＋興亜），三井住友海上（三井＋住友），損保ジャパン（安田＋日産），東京海上日動火災（東京海上＋日動）といった合併会社が誕生し，生保ではＴ＆Ｄグループ（太陽＋大同）が誕生しました。

　また，損保では，2010年4月にさらなるグループ化（三井住友海上，あいおい，ニッセイ同和によるMS＆ADグループ，損保ジャパンと日本興亜によるNKSJグループ）がなされました。

Chapter 13 保険の監督システム

1．監督と検査

　保険業の監督官庁は金融庁であり，監督と検査の手法により，保険会社を規制・監督しています。監督は，毎年保険会社から提出される各種書類により経営状況を継続的に判断するものであり，検査は，数年に1回保険会社に立入検査を行い，問題点があれば行政処分を行うものです。

2．免許規制

　保険業は，先に保険料を受領し，後に保険金を支払う事業であるため，開業には厳しい規制がかけられており，内閣総理大臣（実務は保険業法により金融庁長官に委託）の免許を受けなければ営業をすることができません。事業免許には，生命保険業免許と損害保険業免許があり，同一企業が双方の免許を取得することはできません。なお，傷害・疾病・介護等のいわゆる第三分野保険はいずれの免許でも取り扱うことができます。

3．財務規制

　金融庁は，保険会社から毎年報告されるソルベンシー・マージン比率により財務健全性を判断し，経営が悪化した保険会社には早期是正措置として，業務改善命令や業務停止命令を出すことができます。ソルベンシー・マージン比率は，通常の予測を超える危険（リスク）に対する額に対して保険会社の自己資本がどの程度確保されているかを示す比率であり，200％が健全性の目安とされています。

4．約款・保険料率の規制

　免許申請の際には，定款，事業方法書・普通保険約款・保険料及び責任準備金算出方法書（基礎書類）を添付することとなっており，事業の方法，保険の内容，

保険料率の適切性が審査されることとなっています。

　新商品開発や保険料率改定で基礎書類の変更が必要な場合には，そのつどやはり内閣総理大臣の事前認可が原則として必要です。なお，保険自由化の流れに伴い企業分野の保険では認可よりも緩和された届出制がとられています。

　保険料率の審査の基準として，保険業法には，①算出方法が，保険数理に基づき，合理的かつ妥当なものであること，②保険料に関し，特定の者に対して不当に差別的取扱いをするものでないこと，③その他内閣府令で定める基準(注)があげられています。

（注）　たとえば，任意自動車保険の料率算出に用いることができる危険要因は，年齢，
　　　　性別，運転歴，自動車の使用目的，自動車の使用状況，地域，自動車の種別，
　　　　安全装置の有無，所有台数の 9 要件に限定されることが規定されている。

設問 21

　2005 年の保険業法の改正（2006 年 4 月施行）により，保険業の定義がどう変わったか，説明しなさい。

Chapter 13　保険の監督システム　51

設問 22

保険の新商品や料率改定にかかる認可制と届出制の違いを説明しなさい。

5．募集規制

　保険は目に見えない商品であることから，保険契約者が正しく保険商品の内容を理解するために，保険募集時の説明は大変重要です。したがって，保険募集に関しては次のような厳格なルールが保険業法に定められています。

（1）保険募集人は登録が必要

　保険の募集ができるのは，保険会社の役員・社員のほか，内閣総理大臣に登録した保険代理店・保険募集人・保険仲立人に限られます。

（2）保険募集に関する禁止行為

　公正な取引の確保と保険契約者の保護のため，保険募集にあたっては次のような行為が禁止されています。①は，保険契約の附合契約性に伴う説明義務を確保するためであり，②と③は，保険契約の射倖契約性に伴う保険契約者の高度な善意を確保するためです。また，④は，科学的に算出された保険料率の水準を確保するためであり，これによって，保険には，値引きがされたり，おまけがついたりすることがありません。

　　① 　保険契約者や被保険者に対して虚偽のことを告げ，または保険契約の契約条項のうち重要な事項を告げない行為

52　総　　論

② 保険契約者や被保険者が保険会社に対して重要な事実について虚偽のことを告げることを勧める行為

③ 保険契約者や被保険者が保険会社に対して重要な事実を告げることを妨げ，または告げないことを勧める行為

④ 保険契約者や被保険者に対して，保険料の割引，割戻しその他の特別の利益の提供を約し，または提供する行為　など

6．保険契約もクーリングオフが可能か

　訪問販売や電話勧誘販売で言葉巧みに勧められ，不要な商品やサービスを購入させられるといった消費者被害が多発していますが，消費者保護のために各種の法律でクーリングオフ[注1]が規定されるようになっています。保険についても，保険業法にクーリングオフの規定が置かれており[注2]，8日間は無条件に申し込みを撤回することが可能ですが，保険期間が1年以下の契約等は除外されているため注意が必要です。

（注1）　消費者が，一定期間，無条件で申し込みを撤回したり，契約を解除したりできる制度。

（注2）　次のようなものは，クーリングオフの対象外となっている。

　　① 保険契約の申し込みの撤回等に関する事項を記載した書面の交付を受けた日から起算して8日を経過したとき

　　② 業務のための保険契約であるとき

　　③ 保険期間が1年以下であるとき

　　④ 自賠責保険のように強制保険であるとき

　　⑤ 保険契約者自ら保険会社や代理店に出向いて契約をしたようなとき

CHECK LIST
チェックリスト

☐　保険の募集禁止行為について理解しましたか。

Chapter 14 社会保険

1．医療保険

○概　　要

　わが国の医療保険制度のほとんどは各種の医療サービスという現物給付を提供するものとなっています。医療保険制度は，複数の保険者が運営するものとなっていますが，すべての国民はいずれかの健康保険に加入することとなっており，国民皆保険となっています。

○種　　類

　企業・団体などで働く者を被保険者とする被用者保険として，組合健保（健康保険組合を有する企業の被用者），協会健保（健康保険組合をもたない企業の被用者），船員保険，共済組合（公務員など）があり，また，これら被用者保険に加入していない人を対象とする国民健康保険があります。

○保険料

　被用者保険では，労使が折半する保険料が財源の大半を占めますが，協会健保では事務費や保険給付に一部国庫補助が行われています。保険料は，被保険者の報酬月額を区切りのよい幅で区分した標準報酬に基づき算出されます。

　国民健康保険は，市町村と東京23区が運営しており，保険料は市町村ごとに決められていますが，給付費等に国庫補助が行われています。

2．年金保険

○概　　要

　わが国の公的年金制度は2階建ての制度となっています。1階部分を国民年金（基礎年金）といい，20歳以上60歳未満で日本に住所を有するすべての人が加入することとなっており，国民皆年金となっています。2階部分は，報酬比例年金となっており，民間企業等で働く被用者および公務員を対象とする厚生年金保険

54　総　　論

です。

　公的年金ではありませんが，企業は，福利厚生のために 3 階部分に該当する企業年金（税制適格年金，厚生年金基金，確定給付企業年金，確定拠出年金）を実施しており，公的年金を補完する役割を果たしています。

○保険料

　国民年金の第 1 号被保険者（自営業者等）の保険料は，2004 年度の月額 13,300 円から毎年 280 円ずつ引き上げられ，2017 年度以降は月額 16,900 円で固定されることとなっています（2024 年度の保険料は 16,980 円）。

　厚生年金の保険料は，報酬総額に保険料率を乗じた金額であり，労使折半で負担されています。保険料率は，2004 年度の 13.58% から毎年 0.354% ずつ引き上げられ，2017 年度以降は 18.3% で固定されることとなっています。

設問 23

国民年金の被保険者について，説明しなさい。

3．介護保険

○概　要

　介護や介護予防が必要となった者に対し，介護サービス計画書や介護予防サービス計画書が作成され，サービスが現物給付されるものです。サービスを受けるためには，市町村に申請して要支援・要介護の認定を受ける必要があり，介護状態の程度によって支給限度額が決まっています。

○被保険者

　65歳以上の者が第1号被保険者であり，要支援・要介護状態になった場合にサービスを受けることができます。40歳以上65歳未満の者が第2号被保険者であり，脳血管障害，初老期認知症等によって要支援・要介護状態になった場合にサービスを受けることができます。

○保険料

　第1号被保険者は，市町村ごとに定められた保険料が個別徴収されるかまたは年金から天引きされます。第2号被保険者の保険料は，被保険者の加入する公的医療保険制度の算定基準により決定され，医療保険者が医療保険料と併せて徴収することとなっています。

4．労働災害補償保険

○概　要

　零細な農林水産業を除き，従業員を1人でも有する事業主は，労働災害補償保険に加入しなければなりません。業務上災害および通勤災害で，負傷，疾病，身体障害，死亡した場合に，療養給付，休業給付，傷病年金，障害年金，遺族年金，葬祭料，介護給付がなされます。

○保険料

　事業主の全額負担です。

５．雇用保険

○概　要

　労災保険と同様，零細な農林水産業を除き，労働者を雇用するすべての事業に強制適用されます。雇用保険は，被保険者が失業した場合に，失業給付等（求職者給付，就職促進給付，教育訓練給付，雇用継続給付）を行い，併せて雇用安定事業なども行っています。

○保険料

　失業給付等に充てられる部分は労使折半，雇用安定事業などに充てられる部分は全額事業主負担です。

CHECK LIST
チェックリスト

□　社会保険の種類について理解できましたか。
□　国民年金の被保険者を説明できますか。

Chapter 15 保険金不払い問題

2005年以降，生命保険会社と損害保険会社において，保険金の不適切な不払い，保険金の支払漏れ，保険料のとりすぎなどが多数あったことが発覚し，社会的な信用が大きく失墜するとともに監督官庁からは厳しい行政処分が課せられました。

保険金支払問題等一覧

		報告命令	対象会社	報告期限	調査対象期間	該当会社数	件数	金額	主な内容	備考
生保不払い		2005年7月	生保39社	2005年9月30日	2000年度〜2004年度	39社	1,488件		詐欺無効	明治安田生命が1,053件と突出 2005年2月と10月に2週間の業務停止命令
損保支払漏れ	①	2005年9月30日	損保48社	2005年10月14日	2002年4月〜2005年6月	26社	18万件	84億円	臨時費用等請求なしにより未払い	
	②	2006年8月11日	損保26社	2006年9月30日	2002年4月〜2005年6月	26社	32万件	188億円		再調査
	③	2006年11月17日	損保26社		2002年4月〜2005年6月	26社	50万件	382億円		再々調査 人身傷害等で他社とデータ交換
損保第三分野不払い		2006年7月14日	損保48社	2006年10月31日	2001年7月〜2006年6月	21社	5,760件	16億円	始期前発病 告知義務違反と因果関係なし	2007年4月東海日動，日本興亜に3カ月業務停止命令 これに先立ち三井住友は2006年7月に業務停止命令
保険料取りすぎ		2006年12月21日	損保30社	2007年3月31日	保有契約	26社	153万件	371億円	等級誤り 割引不適用	金融庁要請による自主調査 26社すべてが出そろったのは2008年7月4日
生保支払漏れ		2007年2月1日	生保38社	2007年4月13日	2001年度〜2005年度	38社	131万件	964億円	三大疾病特約 通院特約 失効返戻金	38社すべてが出そろったのは2007年12月7日

1．生保の不適切な不払い

明治安田生命において，詐欺無効や告知義務違反解除を会社に有利なように幅広く適用して，不適切に保険金や給付金を支払っていなかったものが多数あったことが問題とされました。たとえば，被保険者本人が病名を把握していなかったものについても，契約時に詐欺の意図があったとして，詐欺無効を適用していたものなどがありました。また，保険募集人が保険契約者に病歴の不告知

を勧めたような不適切な募集により告知義務違反の状態になった契約についても，厳格に告知義務違反解除を適用していたものも多数ありました。

　金融庁は，全生命保険会社に対して同様の不適切な不払いの有無について報告を徴求しましたが，報告の結果明治安田生命の件数が突出していたことから，明治安田生命には業務停止を含む行政処分がなされました。

2．損保の保険金支払漏れ

　各種損害保険において付随的な保険金の支払漏れが多数あったという問題です。付随的な保険金の支払漏れとは，主たる保険金は支払っていますが，付随的な支払項目について契約者からの請求がなかったために支払いをしていなかったということで，たとえば自動車保険の対人事故において，対人賠償保険金は支払ったものの，被害者への菓子折り代などに活用してもらう臨時費用保険金を支払っていなかったものなどが該当します。

　この問題は，多くの損害保険会社に共通するもので，金融庁は損保26社に対して業務改善命令を出しました。

3．損保第三分野保険の不適切な不払い

　損保が販売する医療保険などにおいて，始期前発病の判断に関し約款に規定する医師の診断に基づかずに判定を行っていた，告知されなかった病歴と因果関係のない病気にも告知義務違反を適用していたなどの不適切な不払いが多数あったという問題です。

　損保11社に，業務停止命令や業務改善命令が出されました。

4．損保の保険料とりすぎ

　火災保険等において，等級を誤って適用した，適用できる割引を適用しなかった等により，本来の保険料よりも高い保険料を適用していた契約が多数あったという問題です。

　住宅物件では，ALC（軽量気泡コンクリート）を外壁全面に使った住宅は保険

料率の低い構造級別になりますが，これを通常の木造住宅として高い保険料をとっていたケースが多数ありました。

5．生保の保険金支払漏れ

　生命保険において，特約による支払いが多数漏れていたという問題です。支払漏れとなったものの主なものとしては，三大疾病特約や通院特約があります。
　三大疾病特約は，がん，急性心筋梗塞，脳卒中になったときに保険金が支払われるものですが，後に死亡したため死亡保険金は支払ったもののそれ以前に支払うべき三大疾病特約保険金を支払っていなかったものです。
　通院特約は，入院給付金を支払う医療保険の特約で，入院後の通院についても給付金が支払われるものですが，入院給付金は支払っていたものの通院保険金を支払っていなかったものです。

6．保険会社の業務改善

　保険会社は，これらの問題を踏まえ，業務の改善に取り組んでいます。不適切な不払いが発生しないよう，保険金支払管理態勢，苦情対応態勢，募集管理態勢の抜本的な見直しを図り，また，品質が確保できないと判断される商品（損保本体が販売する医療保険など）からは撤退するなどしています。また，支払漏れを防止するため，事故受付時には請求できる保険金の項目をすべて案内し請求意思の確認をすべてとらないと事故処理を完結できないシステムを導入したりしています。さらに，契約が複雑になりすぎていたことの反省から，特約数の減少などにも取り組んでいます。

設問 24

　保険金支払漏れの被害にあわないためには，保険契約者の自衛も必要です。どのように注意を払えばよいか，説明しなさい。

CHECK LIST
チェックリスト

- [ ] いわゆる保険金不払い問題とはどういうものか理解できましたか。
- [ ] 保険金不払い問題に対する保険契約者側の注意点を理解できましたか。

Training in Insurance Theory

損害保険各論

Chapter 1 火災保険の基礎

1．火災保険とは

　火災保険は，火災による建物や収容動産の損害を補償するものであり，代表的な財産保険といえます。また，木造家屋の多い日本では大火が多かったため，軽過失であれば失火責任法により失火責任が問われないこととなっていることから，建物所有者は自らの出火リスクに加え，もらい火への備えもしなければならず，火災保険ニーズは高いといえます。

　火災保険は，その名の通りもともとは火災危険を対象とする保険として登場しましたが，落雷・破裂・爆発等火災類似のリスクにも対応するようになり，さらに風ひょう雪災，水災等の自然災害，外部からの物体の飛び込み，水濡れ，盗難など火災とは関係のないリスクにまで，補償範囲を広げてきました。

設問 1

　失火者の責任について，説明しなさい。民法の不法行為責任・債務不履行責任，失火責任法を考慮しなさい。

2．保険の目的物

　火災保険は保険対象となる物を特定する必要があり，これを保険法は「保険の目的物」と表現しています（商法では「保険の目的」）。保険の目的物とできるのは次のようなものです。

保険の目的物とできるもの	例
建　物	
動　産	家財，設備・什器，商品・製品など
従物・付属設備等	畳や電気設備など
屋外設備・装置，野積みの動産	門・塀など

3．保険金額と保険価額

　保険価額は，保険の目的物の価値を金額に換算したものであり，保険金額は契約に際し保険金支払いの最高限度額として任意に設定されるものです。したがって，保険金額は，保険価額より高くなったり，低くなったりすることが生じえます。火災保険の保険料は，保険金額に保険料率を乗じて算出されることとなっているため，保険価額と保険金額の関係により，保険金の支払い方法が変わってきます。

Chapter 1　火災保険の基礎　65

設問 2

　火災保険における保険金額と保険価額の関係を 3 分類し，それぞれの場合の保険金の支払われ方について説明しなさい。なお，80% 付保条件付実損てん補条項は無視してかまいません。

4．保険料

　火災保険の保険料は，次の算式で算出されます。

保険金額（千円）×保険料率＝保険料

5．物件種別

　建物にはさまざまな用途があり，一方保険料は保険金額に比例するものとなっていることから，保険料率は物件の種類によって異なる構成とする必要があります。火災保険では，次の物件ごとに保険料率を定めています。

物件種別	対象とするもの
住宅物件	専用住宅およびその収容動産（家財）
工場物件	一定規模以上の工業上の作業を行う工場の構内に所在する物件
倉庫物件	倉庫業者が管理する保管貨物，倉庫建物
一般物件	上記のいずれにも該当しないもの（事務所や店舗など）

設問3

　火災保険の保険料率は，どのような要素によって決定されるか，物件種類（住宅物件，工場物件，一般物件）ごとに述べ，またその理由について，簡単に述べなさい。

CHECK LIST

チェックリスト

- □ 失火責任について理解できましたか。
- □ 火災保険において，どのようなものが保険の目的物とできるのか理解しましたか。
- □ 火災保険において，保険価額と保険金額の関係により保険金が決定される仕組みを理解しましたか。
- □ 火災保険の物件種別を理解しましたか。

Chapter 2 火災保険の種類

１．家計分野の火災保険

○業界共通の商品

損害保険料率算出機構が参考純率を算出している家計分野の火災保険には，次の種類があります。

住宅総合保険	住宅火災保険が対象とする損害のほか，水災，外部からの物体の飛び込み，水濡れ，盗難といった損害も対象とする総合保険である。
住宅火災保険	火災，落雷，破裂・爆発，風ひょう雪災による損害を対象とする。
店舗総合保険	店舗・事務所や店舗併用住宅といった小規模な商業物件を対象とする。補償範囲は，住宅総合保険とほぼ同一である。
団地保険	マンション等の集合住宅を対象としている。補償範囲は，住宅総合保険に類似するが，高層階ではほぼ起こりえない水災を補償対象外としている。

設問 4

住宅総合保険と住宅火災保険の補償範囲の違いを説明しなさい。

68　損害保険各論

設問 5

火災保険における価額協定保険の概要とその意義を説明しなさい。

○各社独自商品

保険自由化に伴い，損害保険各社は，既存商品よりもさらに補償の充実した独自商品を開発し，家計分野に関しては独自商品を販売の主力としてきています。補償充実の傾向としては，建物・家財の破損・汚損も対象とするオールリスク化，再調達価額（新価）基準・実損てん補払いの採用などがあります。各社独自商品は，補償内容・保険料率が会社により異なりますので，保険契約者は自らのニーズに合った商品を選択する必要があります。

２．企業分野の火災保険

○普通火災保険

補償範囲が住宅火災保険とほぼ同様の企業向け商品です。「一般物件用」「工場物件用」「倉庫物件用」の３種類の普通保険約款が用意されています。住宅火災保険との大きな相違は，80％付保条件付実損てん補条項がないことであり，厳格に比例てん補が適用されるため注意を要します。また，倉庫物件は，寄託約款により自然災害による貨物の損害については倉庫業者に責任が生じないため，担保危険が火災，落雷，破裂・爆発のみと，ほかの物件よりも狭くなっています。

火災保険においては，建物単位に保険金額を設定することが基本ですが，大規

Chapter 2　火災保険の種類　69

模な契約においては，同一構内に所在する保険の目的物をまとめて契約する特殊包括契約や，全国各地に所在する物件を包括する多構内包括契約も利用されています。

○通知保険

工場内にある商品や原材料は，在庫量が日々大きく変動するため，通常の保険金額設定であれば日によって一部保険となったり，超過保険となったりしてしまいます。通知保険は，定期的に在庫価額を通知してもらうことにより，罹災時にはあらかじめ約定した支払保険金制限額を限度に実損払いを行います。保険料は，契約時に暫定保険料を受け取り，保険期間終了時に通知された価額によって確定保険料を算出して精算します。

○拡張担保特約，不担保特約

普通保険約款の担保内容を拡大したり，縮小したりする場合に，付帯される特約です。企業物件は，特約自由によるオーダーメイドでの保険設計が可能となっていますが，あらかじめ用意されている代表的な拡担には，地震拡担，水災拡担，航空機・車両拡担，電気的事故拡担などがあります。

3．間接損害を担保する保険

火災による損害は，建物や原材料・商品などの価額にとどまりません。工場が復旧するまでの利益損害や休業を避けるためにかける費用などがそれで，これらを間接損害といいます。

○利益保険

保険の目的物が担保危険による損害を受けた場合，営業が休止または阻害されたために生じた「喪失利益」と，その損失の拡大を防ぐための「収益減少防止費用」を補償するものです。

○営業継続費用保険

罹災した場合でも，営業の維持・継続を図るためにかかる費用を補償する保険

です。利益保険でも，収益減少防止費用の補償がありますが，これは喪失利益の軽減額が限度であるため，喪失利益を超える費用をかけてでも営業を継続したい企業に適しています。

○店舗休業保険

　中小規模事業者向けの利益保険です。1日当たりの粗利益をもとに保険金額を設定するなど，仕組みを簡略化しています。

○企業費用・利益総合保険

　利益保険が補償する喪失利益・収益減少防止費用と営業継続費用保険が補償する営業継続費用を共に（一方のみも可能）対象とする保険です。不測かつ突発的な事故で保険の目的物が損害を受けた場合を対象とするいわゆるオールリスク型となっており，限定列挙危険（火災，落雷，破裂・爆発など）による損害のみを対象とする利益保険，営業継続費用保険よりも広い補償範囲となっています。

CHECK LIST
チェックリスト

□　家計分野の火災保険には，どのような種類があるか理解しましたか。
□　住宅総合保険と住宅火災保険の補償範囲の違いを説明できますか。
□　価額協定特約を理解できましたか。
□　企業分野の火災保険には，どのような種類があるか理解しましたか。
□　間接損害を補償する火災保険には，どのような種類があるか理解しましたか。

Chapter 3 地震保険

1．地震リスクと火災保険

　火災保険では，「地震もしくは噴火またはこれらによる津波によって生じた損害」は免責とされており，建物が焼失した場合であっても，その火災が地震に起因するものであれば保険の対象外であり，地震と関係のない出火であっても地震の影響で拡大したものであればやはり対象外となります。地震国である日本においては，地震リスクを担保する保険には大きなニーズがあったものの，そのリスクの大きさと特殊性から，民間保険会社では地震リスクを引き受けきれないでいたのです。

2．地震保険誕生の経緯

　1964 年の新潟地震を契機に，政策として家計地震保険の創設が推し進められることとなり，1966 年に「地震保険に関する法律」が施行されて，地震保険の利用が可能となりました。この法律では，地震保険の引き受けは民間保険会社が行うものの，国がその再保険を引き受けるという形で関与することで，従来の問題点を解決しています。

3．加入方法

　地震保険は，火災保険とセットで契約する方式が採られています。すべての家計火災保険では地震保険が自動付帯されることとなっており，付帯を希望しない場合には，申込書の地震保険確認欄「地震保険を申し込みません」に確認印を押すことになります。これによって地震危険が対象とならない契約内容になることをはっきり理解できるようにしています。

72　損害保険各論

4．補償内容

　地震もしくは噴火またはこれらによる津波を直接または間接の原因とする火災，損壊，埋没または流出によって，保険の目的物に生じた損害を補償します。ただし，補償されるのは，損害が全損，大半損・小半損，一部損に該当する場合に限られるため，一部損に満たない損害は対象外となります。

設問6
地震保険で対象とならない「一部損に満たない損害」を説明しなさい。

５．保険の目的物

　地震保険に関する法律で，「居住の用に供する建物又は生活用動産」と規定されており，専用住宅のみならず，併用住宅も対象となります。

６．保険金額

　地震保険の保険金額は，次の範囲内で決定します。

保険の目的物	保険金額	
建　物	主契約（火災保険）の保険金額の 30%〜50% の範囲内で設定	ただし，5,000 万円限度
家　財		ただし，1,000 万円限度

７．保険料

　地震保険の保険料率は，等地（都道府県ごとに 1 〜 3 等地）および建物の構造（耐火構造・準耐火構造（イ構造），木造（ロ構造））に応じて定められています。住宅の耐震性能を反映するために，次の割引が導入されています。

割引制度	割引の概要	割引率	
建築年割引	昭和 56 年 6 月 1 日以降に新築された建物	10%	
耐震等級割引	「住宅の品質確保の促進等に関する法律」の日本住宅性能表示基準の耐震等級または国土交通省「耐震診断による耐震等級の評価指針」の耐震等級を有する場合	耐震等級 1	10%
		耐震等級 2	30%
		耐震等級 3	50%
免震建築物割引	「住宅の品質確保の促進等に関する法律」の「免震建築物」である場合	50%	
耐震診断割引	地方公共団体等による耐震診断・耐震改修の結果，建築基準法の耐震基準を満たす場合	10%	

（割引率は，2015 年 9 月改定）

8．損害認定の方法

全損は保険金額の 100％，大半損は保険金額の 60％，小半損は保険金額の 30%，一部損は保険金額の 5 ％ の支払いとなります。

設問 7

地震保険の損害認定の特徴を述べ，そのような認定方法となっている理由を説明しなさい。

CHECK LIST
チェックリスト

- □ 地震リスクの保険技術的困難性を理解しましたか。
- □ 地震保険の誕生経緯を理解しましたか。
- □ 地震保険の補償内容を理解しましたか。
- □ 地震保険の損害認定の特徴を理解しましたか。

Chapter 4 自賠責保険

1．自賠法

　戦後のモータリゼーションに伴う交通事故被害者の増加を背景に，交通事故被害者の救済を図ることを目的として，自動車損害賠償保障法（自賠法）が 1955 年に制定されました。自賠法の三本柱は，①実質的な無過失責任の導入，②強制保険である自賠責保険の導入，③政府保障事業の導入です。

2．運行供用者の実質的な無過失責任

　自賠法第 3 条は，自己のために自動車を運行の用に供する者（運行供用者）が，その運行によって他人の生命または身体を害したときは，いわゆる免責三要件の全てを立証しない限り，それによって生じた損害を賠償しなければならない旨を規定しています。挙証責任の転換が図られていることおよび免責三要件のすべてを立証することはかなり困難であることから，実質的な無過失責任[注]となっています。

　（注）　過失・無過失を問わず責任を負担させること。

設問 8

　自賠法が定める運行供用者の責任について，民法の一般不法行為責任と比較しながら説明しなさい。

76　損害保険各論

設問 9

自賠法の免責三要件について説明しなさい。

3．自賠責保険

　自賠法第 5 条は，自賠責保険または共済を契約していなければ自動車を運行させてはならない旨規定しており，これによって運行供用者の賠償義務履行を確保し，被害者救済が絵に描いた餅とならないようにしています。また，1962 年には車検期間を完全にカバーする自賠責保険証明書を提示しなければ車検に通らない制度が設けられ，付保強制の実効を高めています。自賠責保険の保険金額は，制度導入時から順次引き上げられ，現在では死亡 3,000 万円，傷害 120 万円，後遺障害 75 万円〜4,000 万円となっています。

4．自賠責保険の請求

　自賠法は，自賠責保険の被保険者が保険金請求をする（15 条請求）ことのほか，被害者が保険会社に対し損害賠償額の請求を行える（16 条請求）旨，規定しています。被保険者による保険金請求においては，被害者に対して支払いをした限度でのみ請求できるとの規定となっていますが，対人賠償任意自動車保険を付保している場合は，任意保険の保険会社が自賠責保険と任意保険合計の保険金を被害者に支払い，後に自賠責保険会社に自賠責保険分を求償するという一括払制度がとられています。

Chapter 4　自賠責保険　77

設問 10

「運行供用者」と「自賠責保険の被保険者」の関係を説明しなさい。

設問 11

自賠責保険における過失相殺の取り扱いについて，任意自動車保険と比較して説明しなさい。

設問 12

自賠責保険における被害者請求の意義を説明しなさい。

5．政府保障事業

　ひき逃げや無保険車両による事故の被害者は，自賠法が本来意図した強制保険による救済が困難であるため，このような被害者は政府保障事業により自賠責保険と同様の補償がなされることとなっています。

CHECK LIST
チェックリスト

- □　自賠法の運行供用者責任を理解しましたか。
- □　自賠法の免責三要件を説明できますか。
- □　自賠法の運行供用者と自賠責保険の被保険者の範囲について，理解できましたか。
- □　自賠責保険の請求について理解できましたか。

Chapter 4　自賠責保険　79

Chapter 5 自動車保険

1．補償内容

自動車保険は一般に次のような担保項目で構成されています。

○対人賠償

被保険自動車の所有，使用，管理に起因する対人事故により，被保険者が損害賠償責任を負担することによる損害を対象とします。対人被害を補償する保険として，強制保険である自賠責保険がありますが，対人賠償は自賠責保険の上乗せ保険として機能します。また，担保範囲は「自動車の運行」のみを対象としている自賠責保険よりも，広くなっており，たとえば駐車中の自動車の爆発による賠償責任も対象となっています。

○対物賠償

被保険自動車の所有，使用，管理に起因する対物事故により，被保険者が損害賠償責任を負担することによる損害を対象とします。

○自損事故

交通事故によって被保険者が傷害を被ったにもかかわらず，自賠法第3条の損害賠償請求権が発生しない場合に，死亡・後遺障害・介護費用・医療の各保険金が支払われるものです。該当する事故の例としては，相手がいない単独の事故や，事故の相手方が運行供用者責任の免責三要件を立証して責任を免れた場合が挙げられます。自損事故補償は，対人賠償に自動付帯されています。

○無保険車傷害

事故で被保険者が死亡・後遺障害となった場合で，相手方が対人賠償を付保していなかったり，低い金額しか付保していなかったりした場合に，自身の対人賠償保険金額と相手の対人賠償保険金額の差額分を実損補償するものです。対人賠償は相手方への十分な補償を確保するために付保しているものですが，相手方が

80　損害保険各論

十分な付保をしていなければ自身が被害者となったときに十分補償が得られるかどうかわからないという不公平さに配慮した補償です。無保険車傷害補償は、対人賠償に自動付帯されています。

○搭乗者傷害

被保険自動車の正規の乗車装置に搭乗中の被保険者が、急激かつ偶然な外来の事故により身体に傷害を被った場合に、死亡・後遺障害・介護費用・医療の各保険金が支払われるものです。この補償は定額払いの傷害保険であるため、対人賠償など他の保険からの支払いがある場合でも、減額されることなく約定の保険金が支払われます。

○人身傷害

被保険自動車その他の車両に搭乗中や歩行中に自動車事故で死傷した場合に、自己過失による損害を含めてその実損害額が支払われるものです。他人の過失分についての被保険者の損害賠償請求権は保険会社が代位し、求償をすることとなります。

○車　両

自動車を対象とする財産保険です。自動車は減価が著しく、保険期間のあいだにも減価が大きく進むため、一般に「車両価額協定特約」により契約時に価額を協定しています。

設問 13

無保険車傷害における「無保険」の意味を説明しなさい。

Chapter 5　自動車保険　81

設問 14

　飲酒運転による事故の場合の補償をどう取り扱っているか，対人賠償，対物賠償，車両を取り上げて比較・説明しなさい。

設問 15

　自賠責保険と自動車保険対人賠償はいずれも人身事故の損害賠償責任を対象としていますが，補償範囲の違いを説明しなさい。

設問 16

人身傷害補償と搭乗者傷害補償の関係について，説明しなさい。

2．保険料

用途・車種別に区分して基本料率が設定されています。自家用普通乗用車，自家用小型乗用車は，型式による料率クラスを設定しさらに細分化した料率クラス別料率が設定されています。また，フリート契約者（総付保台数10台以上の契約者）とノンフリート契約者（フリート契約者以外の契約者）はそれぞれ異なった料率が設定され，運転者の年齢区分（全年齢担保，21歳以上，26歳以上，30歳以上など）によっても料率が異なる仕組みになっています。

自動車保険には，事故発生状況による割増引が導入されており，フリート契約者は損害率による割増引，ノンフリート契約者には等級制度が適用されています。

3．自動車保険の損害調査

対人賠償，対物賠償では，示談代行サービスがあり，被保険者の同意を得て保険会社が直接事故の解決にあたるものとなっています。また，対人賠償においては，事故の被害者が損害賠償額を保険会社に直接請求できる「被害者直接請求権」も導入されています。

Chapter

6　海上保険

1．海上保険の位置づけ

　海上保険（marine insurance）はわが国では一般にマリンと呼ばれ，その他の保険種目はノンマリンと呼ばれています。　このような区分がなされているのは，海上保険が保険の中で最も歴史を有しているためですが，国際取引にかかるリスクを対象としていることから主に国内取引を対象とするノンマリンとは異なる特有のルールに立脚しているという事情もあります。商法においても，「保険」は第2編商行為のなかに規定がありましたが，海上保険特有の条文は，第3編海商のなかに規定されています。商法の保険に関する規定は，保険法として単行法となりましたが，海上保険の条文は商法に残っています。

2．種　類

　大きく分けて，船舶を対象とする船舶保険（hull insurance）と貨物を対象とする貨物保険（cargo insurance）があります。貨物保険には，国際間取引を対象とする外航貨物海上保険と，日本国内の輸送を対象とする内航貨物海上保険・運送保険があります。

3．船舶保険

○補償内容
　船舶を保険の目的とし，沈没，転覆，座礁，座州，火災，衝突その他の海上危険に遭遇したことによって被保険利益に生じた損害を補償するものです。

○てん補する損害の範囲
　次に掲げる損害をどこまで担保するかを定型化した6種類の特別保険約款があり，そのいずれかを選択して契約することとなっています。

84　損害保険各論

損　害	内　容
全　損	沈没，火災による焼失など被保険利益が滅失した場合
修繕費	分損の場合の修繕費用
共同海損分担額	船舶や積荷が共同の危険にさらされた場合に，共同の安全のために合理的な犠牲を払うことがあるが，その犠牲に対して利害関係者が自身の受けた利益に応じて負担する分担額
衝突損害賠償金	他船と衝突した場合の，相手方の船舶・積荷等の損害に対する損害賠償金
損害防止費用	損害を防止・軽減するために保険契約者・被保険者が負担した費用

○免責事由

- 戦争危険，だ捕・捕獲・抑留，海賊行為・テロ，原子力危険，差し押さえ
- 保険契約者・被保険者・保険金を受け取る者の故意・重過失，船長・乗組員が保険金を取得させる目的で行った故意
- 船舶の摩滅・腐食・さび・劣化その他の自然の消耗，船舶の欠陥，船舶の発航当時の不堪航

○保険期間

　航海を特定してその開始から終了までを保険期間とする航海建てと，一定期間（通常は1年間）を保険期間とする期間建てがあります。

4．外航貨物海上保険

　外航貨物海上保険では，ロンドン保険業者協会が作成した新旧2種類の英文約款が使用されています。保険金額も外貨建です。

○補償内容

　国際間を輸送される貨物を保険の目的とします。

○てん補する損害の範囲

旧約款では，オールリスク担保，分損担保，分損不担保のいずれかの保険条件を選択することとなっています。新約款では，協会貨物約款（A），協会貨物約款（B），協会貨物約款（C）のいずれかの保険条件を選択することとなっています。最も範囲の狭い新約款協会貨物約款（C）がてん補する事故は，「火災・爆発，船舶の沈没・座礁，陸上輸送用具の転覆・脱線，輸送用具の衝突，共同海損・損害防止費用など」となっています。

○免責事由
- 戦争危険・ストライキ危険
- 原子力危険・生物化学兵器危険
- 運送の遅延
- 保管・加工中のテロ危険
- 保険の目的の固有の欠陥・性質
- 被保険者側の故意・重過失
- 間接損害

5. 内航貨物海上保険・運送保険

日本国内を輸送される貨物を対象とするものであり，貨物輸送行程の一部が海上であるものを内航貨物海上保険，海上輸送を伴わないものを運送保険といいます。両保険は，同一の和文普通保険約款を使用しています。

○てん補する損害の範囲

オールリスク担保と特定危険担保の2つの基本特約を設けています。特定危険とは，火災，爆発もしくは輸送用具の衝突・転覆・脱線・墜落・不時着・沈没・座礁・座州による損害および共同海損犠牲損害です。いずれの条件でも，損害防止費用，共同海損分担額などは，てん補されます。

86　損害保険各論

○免責事由

- 戦争危険・ストライキ危険
- 保険の目的の固有の欠陥・性質
- 被保険者側の故意・重過失

設問 17

共同海損分担額とは何か説明しなさい。

CHECK LIST
チェックリスト

- ☐ 海上保険と商法・保険法の関係を理解しましたか。
- ☐ 船舶保険とは何か理解できましたか。
- ☐ 外航貨物海上保険の特徴を説明できますか。
- ☐ 内航貨物海上保険・運送保険について理解できましたか。
- ☐ 共同海損分担額とは何か理解できましたか。

Chapter 7 賠償責任保険

1. 補償内容

被保険者が，対人・対物事故により法律上の損害賠償責任を負担することによって被る損害を補償するものです。

自動車，航空機，船舶，原子力，労働災害による損害賠償責任については，それらを対象とする専用の保険がありますので，賠償責任保険は，これら以外の損害賠償責任を対象としています。

2. 保険種類

企業向けの保険	施設所有管理者，請負業者，生産物，受託者，自動車管理者，英文，会社役員，企業包括（アンブレラ）など
専門職業人向けの保険	医師，薬剤師，看護師，弁護士，公認会計士，税理士，旅行業者，情報サービス業者・電気通信事業者　など
個人向けの保険	個人，ゴルファー　など

○企業向けの保険

施設所有管理者賠償責任保険は，所有する施設の管理不備や業務遂行に伴う賠償責任を対象としており，すべての企業が利用対象となります。また，請負業者には請負業者賠償責任保険，メーカー，販売店には生産物賠償責任保険，物を預かる業者には，受託者・自動車管理者賠償責任保険などが用意されています。

○専門職業人向けの保険

一般の賠償責任保険は，対人賠償・対物賠償を対象としていますが，専門職業人には，依頼者に経済損害を与えることによって賠償責任を負担することが多く，それに応じた賠償責任保険が用意されています。

○個人向けの保険

個人向けの保険は，通常，賠償責任に加えて自身の傷害や用品事故もセットされた商品になっています。

設問 18

メーカーは，製品事故による被害者への損害賠償責任（製造物責任）の負担に備え，生産物賠償責任保険（国内 PL 保険）を利用しています。製造物責任法が定める製造物責任について，民法の一般不法行為責任と比較して説明しなさい。

設問 19

請負業者賠償責任保険について，説明しなさい。

3．契約形態

　賠償責任普通保険約款に，リスクの種類に対応した各種の特別約款を付帯して契約します。

　近年は，各種特別約款が対象とする各種リスクを包括して対象とする「総合賠償責任保険」も登場しています。

4．免責事由

　普通保険約款では，次の免責事由が定められており，各種特別約款では別途追加の免責事由が定められています。

- 保険契約者・被保険者の故意
- 戦争・地震等の異常危険
- 生計を共にする親族に対する損害賠償責任
- 特別の約定により加重された損害賠償責任
- 環境汚染
- 被保険者が所有，使用，管理する財物の損害に対する損害賠償責任

設問 20

　ほかの保険では，保険契約者と被保険者の重過失は免責となっていますが，賠償責任保険では支払い対象となっています。その意義について，説明しなさい。

5．保険金額

　対人賠償は，被害者1名あたりのてん補限度額と1事故あたりのてん補限度額を設定します。対物賠償は，1事故あたりのてん補限度額を設定します。

　賠償責任保険においては，財産保険のように保険価額は存在しませんので，予想される損害額を考慮しててん補限度額を設定することになります。

設問 21

　賠償責任保険における保険金額無制限の取り扱いについて，自動車保険におけるそれと比較して，説明しなさい。

6．保険料

　各種特別約款ごとに，リスクを最も反映すると思われる「保険料算出の基礎」を定め，これに対する保険料を基本保険料としています。さらにてん補限度額などによる調整を加えて保険料が算出されます。

　なお，保険料算出の基礎は，請負賠償では請負金額，生産物賠償では売上高，施設賠償では，面積・賃金・入場者数などとなっています。

7．主な利用主体

　請負賠償は請負業者に，生産物賠償はメーカー，販売業者，飲食店に広く利用されています。施設賠償は，施設を拠点に業務をする事業者に広く利用されています。

Chapter 8 海外 PL 保険

1．PL とは

　　Product Liability であり，日本でいう製造物責任（生産物責任）と同じです。製造物の欠陥による対人・対物事故の被害に対して，メーカーや販売者が負担する民事上の損害賠償責任を指します。

　　特に米国に輸出をする場合は，次のような理由により，メーカーは PL 訴訟において多大な責任を負わされることが多く，海外 PL リスクはメーカーにとって脅威となっています。

- 訴訟社会であり，提訴されやすいこと
- 弁護士の数が極めて多く，かつ着手金不要で委任できることから，製造物被害者が訴訟代理人を見つけやすいこと
- 陪審員制がとられており，大企業対一般市民の構図となる PL 訴訟では，被害者に同情的な評決が出やすいこと

設問 22

　PL 事故が海外で発生した場合，国内事故に比し，メーカーにはどのような困難があるか，説明しなさい。

92　損害保険各論

２．補償内容

　記名被保険者の生産物に起因して，海外で発生した身体障害・財物損害について，保険期間中に被保険者に対して損害賠償請求がなされた場合に，保険金を支払う保険です。

３．免責事由

　次のような損害は，免責とされています。
- 生産物自体の損害
- 生産物の回収費用
- 懲罰的損害賠償金
- 意図された性能・水準の不足・不適についての賠償責任
- 地震，噴火，津波，原子力に起因する賠償責任
- アスベストス（石綿）に起因する賠償責任
- 環境汚染に起因する賠償責任

4．海外 PL 保険の特徴

　海外での事故の場合は，海外の裁判所に訴訟が提起されることも多く，現地での訴訟対応，被害者との折衝が必要です。海外 PL 保険では，国内の賠償責任保険とは異なり，防御サービス（示談代行サービス）が付帯されており，保険会社が提携する現地の弁護士のサービスが受けられます。その弁護士費用は，保険金として支払われることになっています。

　これら現地対応に備えて，約款も英文が使用され，てん補限度額もドル建てとなっているのです。

5．支払われる保険金

　次の保険金を合算して，てん補限度額を限度に支払われます。
- 損害賠償金
- 訴訟費用・弁護士費用等の争訟費用
- 身体障害の応急手当の費用
- 保険会社への協力費用

6．保険料

　生産物の危険度，輸出高，輸出地域，てん補限度額を総合的に考慮して，1 契約ごとに算出されます。

7．主な利用主体

　輸出メーカー，商社などです。

8．グローバル企業の賠償責任保険

　世界各国に現地法人を有するグローバル企業は，次のような賠償責任保険を手配しています。世界のほとんどの国では，自国内リスクを海外付保してはならないという付保規制がありますので，現地法人のある国では一次保険として現地の賠償責任保険を手配します。日本においても各種賠償責任保険と海外PL保険を手配します。さらに，二次保険として，アンブレラ保険を手配し，世界中どこで賠償事故が発生しても一定の補償額が確保されるようにしているのです。アンブレラ保険は，一次保険の上乗せとして傘のように広がっていることからこのような名称がつけられており，全世界を保険適用地域とし，労災による責任をも対象としていることが特徴です。

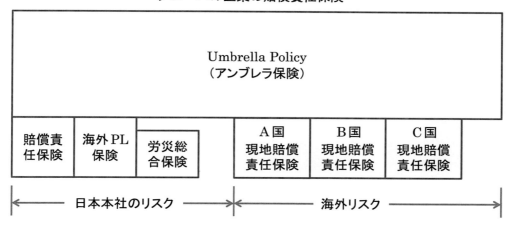

グローバル企業の賠償責任保険

CHECK LIST
チェックリスト

- □ 海外PL保険とは何か理解できましたか。
- □ 米国のPLの特徴を説明できますか。
- □ 海外PL保険の補償範囲とてん補限度額の関係について理解できましたか。
- □ 海外PL保険の防御サービスについて理解できましたか。

Chapter 9 会社役員賠償責任保険（D＆O保険）

1．D＆Oとは

D＆Oとは，Directors（会社の経営方針を決める取締役）＆ Officers（会社の業務を執行する責任者）であり，会社役員賠償責任保険が欧米の約款を範に開発されたことから，D＆O保険とも呼ばれています。

2．会社役員の責任

○会社に対する責任

役員と会社とは民法上の委任の関係にあり（会社法330条），善良なる管理者の注意をもって業務を遂行する義務（善管注意義務）を負っています（民法644条）。会社法でも，役員は法令，定款および株主総会決議を守り，忠実に職務を遂行する義務（忠実義務）を負う旨定めています（会社法355条）。

会社が役員の責任を追及しない場合には，株主が会社に代わって責任追及の訴えを起こすこと（株主代表訴訟）が認められています（会社法847条3項）。

株主代表訴訟は，株主が自己への賠償を求めるものではなく，会社への賠償を求めるものであることから，財産権上の請求でない請求に係る訴えとみなされて（会社法847条6項），原告の提訴手数料は13,000円と低額であり，役員にとって大きな脅威となっています。

○第三者に対する責任

役員の第三者に対する責任については，民法上の不法行為責任（民法709条，715条）が適用されますが，会社法ではこれに加え，悪意または重過失により従業員，取引先等の第三者に損害を与えた場合には，役員はこれを賠償する責任を負う旨を定めています（会社法429条）。

3．株主代表訴訟の仕組み

6カ月前から引き続き株式を所有する株主は，会社に対して書面をもって，取締役の責任を追及する訴訟の提起を請求することができます。会社が60日間訴訟を提起しない場合には，株主は会社の代わりに，自ら原告となって訴訟（株主代表訴訟）を提起することができます。

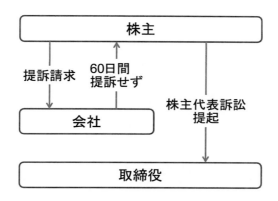

設問 23

株主代表訴訟の提訴費用が訴額にかかわらず13,000円と定額である理由を説明しなさい。

4．補償内容

　会社役員が，その業務につき行った行為・不作為に起因して，損害賠償請求を受けた場合に，被保険者である会社役員が負担する損害賠償金や争訟費用（弁護士費用など）を補償する保険です。

5．対象とする会社役員の範囲

　会社法上の取締役，会計参与および監査役，ならびにこれらに準ずる者としてあらかじめ約定した地位にある者となります。
　これらに準ずる者として指定できるのは，社団法人などの理事・監事，協同組合の理事，委員会設置会社の執行役，海外子会社の officer などです。

6．免責事由

　次のような行為が実際に生じていたと認められる場合は，免責とされています。免責適用の判断は，被保険者ごと個別に行われます。
- 会社役員が私的な利益，便宜の供与を違法に得たこと
- 会社役員の犯罪行為
- 会社役員が法令に違反することを認識しながら行った行為
- 会社役員が報酬・賞与を違法に受け取ったこと
- 会社役員によるインサイダー取引
- 違法な利益の供与

　次のような損害賠償請求は，免責とされています。
- 他人の身体の障害や財物の損壊に対する損害賠償請求
- 会社が提起した損害賠償請求
- 大株主が提起した損害賠償請求

7．保険料における利益相反問題への配慮

　会社役員賠償責任保険は，会社が保険料を負担して契約しますが，株主代表訴訟で会社役員が敗訴した場合（役員の行為のために会社が損害を被ったことが確定したということ）についてまで，役員のための保険料を会社が負担することに関しては利益相反問題が生じます。

　したがって，この保険では，普通保険約款では株主代表訴訟による会社役員敗訴の場合は免責として，株主代表訴訟担保特約で復活担保し，特約保険料は会社負担ではなく，会社役員の負担とすることによって，利益相反問題をクリアしています。

8．主な利用主体

　会社役員にとっての最も大きなリスクは株主代表訴訟ですので，多数の少数株主が存在する株式公開企業に広く利用されています。

CHECK LIST
チェックリスト

☐　D&Oとは何か理解できましたか。
☐　会社役員の責任について理解できましたか。
☐　株主代表訴訟の特徴を理解しましたか。
☐　会社役員賠償責任保険が対象とする会社役員の範囲について理解できましたか。
☐　会社役員賠償責任保険における利益相反問題の克服について理解できましたか。

Chapter 10 労働災害総合保険

1. 補償内容

　事業主が労働災害の被災者に労働者災害補償保険（政府労災）による補償を超える法定外補償を行うことによって被る損害や，労働災害について法律上の損害賠償責任を負担することによって被る損害を補償する保険です。

2. 契約の種類

　労働災害総合保険には，次の2つの契約種類があり，双方契約することも，一方のみ契約することも可能です。

○法定外補償条項

　企業は，人材確保や福利厚生のため，労働協約等に労働災害に関する独自の法定外補償規定を盛り込み，補償を実施していることがあります。法定外補償条項は，この補償規定による補償費用の財源として利用されるものです。

　あらかじめ災害補償規定をもっていない場合でも，社会通念上妥当な額で保険金額を設定し，法定外補償条項を契約することは可能です。

○使用者賠償責任条項

　労働災害の被災者やその遺族が政府労災や法定外補償による補償では満足せず，企業に対して損害賠償請求を行い，企業が法律上の損害賠償責任を負担することがあります。使用者賠償責任条項は，損害賠償金の支払いによる損害や弁護士費用等争訟解決のための費用損害を補償します。

3．免責事由

- 保険契約者，被保険者，事業場の責任者の故意
- 戦争・地震・原子力等の異常危険
- 被保険者の下請負人の身体障害
- 風土病，職業性疾病
- 被用者の故意，飲酒運転（法定外補償条項のみ）

4．保険金額

○法定外補償条項

死亡，後遺障害各級，休業1日につき，次のいずれかの方式で設定します。

- 定額方式

たとえば死亡1,000万円，休業2,000円のように，一定額で定める方式です。

- 定率方式

たとえば死亡1,000日分，休業20％のように，平均賃金の日数や一定率で定める方式です。

○使用者賠償責任条項

1名あたりのてん補限度額と1災害あたりのてん補限度額を設定します。

設問 24

　法定外補償条項の保険金額の設定について，定額方式，定率方式それぞれのメリットを説明しなさい。

5．保険料

○法定外補償条項

　定額方式は，業種別の保険料率を基礎に保険金額を勘案した一次料率に被用者数を乗じて算出します。定率方式は，業種別の保険料率を基礎に保険金額を勘案した一次料率に賃金総額を乗じて算出します。

○使用者賠償責任条項

　定率方式は，業種別の保険料率を基礎に保険金額と法定外補償の額を勘案した一次料率に賃金総額を乗じて算出します。

6．特　約

　補償範囲を広げるものとしては，通勤災害担保特約，職業性疾病担保特約，特別加入者担保特約，下請負人担保特約などがあります。

7．主な利用主体

　この保険は，政府労災の上乗せ保険となっており，契約するためには政府労災に加入していることが条件です。政府労災は，零細な農林水産業を除き，従業員を一人でも有する企業・個人事業主に加入義務がありますので，対象となる利用主体は極めて多いといえます。

　特に法定外補償規定を定めている大企業の利用が多いといえるでしょう。

CHECK LIST
チェックリスト

- ☐ 労働災害総合保険と労働者災害補償保険（政府労災）の関係を理解しましたか。
- ☐ 労働災害総合保険の法定外補償条項と使用者賠償責任条項の違いを理解しましたか。
- ☐ 労働災害総合保険の法定外補償条項における定額式と定率式のそれぞれのメリットを理解しましたか。

| Chapter 11 | 動産総合保険 |

1．補償内容

　あらゆる動産を保険の目的物とすることができ[注]，免責事由以外のすべての偶然な事故により保険の目的物に生じた損害を補償するオールリスク型保険です。また，日本国内で発生した事故であれば，保管中，輸送中を問わず補償されます。

（注）　加工・製造中の動産，自動車，船舶，航空機については，専用の保険があるため，対象から除外されています。

設問 25
　オールリスク型保険について説明しなさい。また，オールリスク型でない保険は，どのように保険事故を規定しているか説明しなさい。

2．免責事由

- 保険契約者・被保険者の故意，重過失
- 戦争・地震・水災・原子力等の異常危険
- 詐欺・横領，置忘れ・紛失による損害
- 修理・清掃等の作業危険
- 電気的・機械的事故
- 瑕疵，自然の消耗，さび，かび，変色，ねずみ喰い，虫喰い

104　損害保険各論

3．契約方式

対象とする動産の種類に応じて，あらかじめ次のような契約方式が用意されています。

○特定動産契約

保険の目的物となる動産を特定して契約する方式です。個人でも法人でも契約できますが，家財一式とか機械設備一式などのように保険の目的物が不特定となる契約はできません。

○商品在庫品契約

メーカー，販売会社などが所有・管理する商品・製品などについて，これらの倉庫・店舗などにおける保管中危険と輸送中危険を併せて対象とする契約方式です。

○現金総合保険契約

会社・商店などの売上高，運転資金などのすべての現金について，保管中および輸送中の危険を併せて対象とする契約方式です。

○展示一貫契約

展示会，見本市などの出展物について，展示のため店舗，倉庫から搬出してから，展示を終えて再び元の店舗，倉庫に搬入するまでの間の危険を対象とする契約方式です。展示契約として，展示会場での危険のみを対象とすることも可能です。

○巡回販売契約

不特定な場所を巡回して販売する商品について，巡回販売のため，基地（店舗や倉庫など）から搬出し再び元の基地に搬入するまでの間の危険を対象とする契約方式です。

Chapter 11　動産総合保険　105

４．支払われる保険金

損害保険金のほか，臨時費用保険金，残存物取片づけ費用保険金，修理付帯費用保険金，損害防止軽減費用が支払われます。

５．保険料

保険金額に適用料率を乗じて算出します。

適用料率は，火災保険料率に，動産の種類ごとに決められたその他危険料率を加算して算出されます。

６．特　約

補償を拡大するものとして，電気的・機械的事故担保特約，情報メディア等損害担保特約などが用意されており，保険金支払いに関するものとして，新価保険特約，免責金額設定特約（フランチャイズ方式）などが用意されています。

設問 26

免責金額設定には，エクセス方式とフランチャイズ方式がありますが，その違いを説明しなさい。

7．主な利用主体

　火災関連リスクのみならず，破損・汚損リスクが心配な動産を有する個人・法人となります。

　現金の盗難は，店舗総合保険でも，業務用は 30 万円まで補償されますが，それ以上の現金がある会社，商店は，動産総合保険でなければ補償が得られません。

CHECK LIST

チェックリスト

- ☐ 動産総合保険にはどのような契約方式が用意されているか理解できましたか。
- ☐ オールリスク型保険とはどういうものか理解できましたか。
- ☐ 免責金額のエクセス方式とフランチャイズ方式の違いを理解しましたか。

Chapter 12　工事保険

1．工事保険の種類

工事種類に応じて，次の3種類があります。

保険種類	対象とする工事
建設工事保険	各種建物の新築，増築，改築，改装，修繕工事
組立保険	建設工事保険，土木工事保険の対象とならない工事 （機械・装置・タンク等の据付工事，橋梁・鉄塔・石造物・煙突などの組立工事，プラント工事など）
土木工事保険	各種の土木工事（道路舗装，トンネル工事，河川・港湾工事）

2．補償内容

工事保険における保険の目的物は，工事の対象物であり，工事が進むにつれ，徐々にでき上がっていくものです。工事保険は，工事期間中に工事現場で発生した不測かつ突発的な事故によって，工事の目的物，工事物件，工事用仮設建物などに生じた損害を補償します。

3．免責事由

	建設工事保険	組立保険	土木工事保険
一般に保険で免責とされるもの	・保険契約者・被保険者等の故意，重大な過失，法令違反 ・戦争，地震，原子力による損害		
工事保険固有の免責事項	・保険の目的物の設計・材質・製作の欠陥を除去する費用 ・保険の目的物の性質またはその自然の消耗・劣化 ・残材・在庫調査によって発見された紛失・不足の損害		
各保険固有の免責事項	・洪水・豪雨等による土砂崩れ ・風雨等の吹き込み ・寒気・霜・氷・雪等 ・湧水の止水・排水費用 など		・保険の目的物の施工の欠陥の修理のために要した費用 ・寒気・霜・氷・雪等 ・湧水の止水・排水費用 ・浚渫部分に生じた埋没・隆起の損害 など

4．保険金額

請負金額を保険金額として設定します。

5．保険期間

原則として，着工から引渡しまでとなります。
年間の請負工事をすべて包括付保する「総括契約」も可能です。

6．支払われる保険金

損害保険金は，次の通り算出され，保険金額が請負金額を下回る場合は比例てん補となります。

$$損害保険金＝（損害額－残存物価額－控除額または自己負担額）$$
$$×保険金額／請負金額$$

7．保険料

建設工事保険	工事現場の所在都道府県と構造級別による基本料率を，工事期間，業者ランクにより調整して適用保険料を算出します。
組立保険	工事種別ごとの基本料率を，工事期間により調整して適用保険料を算出します。
土木工事保険	工事種別とてん補限度額による基本料率を，工事期間，現場の地形，保険金額により調整して適用保険料を算出します。

8．特　約

○賠償責任担保特約
　工事の遂行に起因して発生した対人・対物事故により，被保険者が損害賠償責任を負担することによって被る損害を補償します。工事保険と請負業者賠償責任保険を別々に付保するよりも通常割安となります。

○水災危険担保特約
　「高潮」，「洪水」，「内水氾濫」または「豪雨による土砂崩れ・がけ崩れ」による損害を補償します。

○雪災危険担保特約
　豪雪・雪崩等による雪災を補償します。

○構内所在物件に関する特約
　組立工事に起因して，工事現場の属する構内に所在する発注者等の所有する既存物件に与えた損害を補償します。

9．主な利用主体

各種工事業者です。

設問 27

建設工事保険，組立保険，土木工事保険が，それぞれ対象とする工事を説明しなさい。

CHECK LIST
チェックリスト

☐　工事保険の種類について理解できましたか。

☐　火災保険と比し，工事保険にはどのような特徴があるか説明できますか。

☐　工事保険の主な特約について理解できましたか。

Chapter 13 信用保険・保証保険・ボンド

　契約を締結した場合に，債務者が何らかの理由で債務を履行できないことがあります。これに備えるのが，信用保険・保証保険，ボンドです。

1．信用保険

　債権者が保険契約者となり，債務者の債務不履行による自身の損害を回復するために利用するのが信用保険です。したがって，被保険者は債権者となります。

○身元信用保険
　使用者（企業）が，使用人（従業員）の不誠実行為（窃盗，強盗，詐欺，横領または背任）により被る財産上の損害に備えて，付保するものです。リスクの大きい金融機関などで活用されています。

○取引信用保険
　売買契約等において，相手方が代金の支払い債務を履行しない場合に被る損害に備えて，債権者が付保するものです。債務不履行に至るのは，相手方の倒産による場合が多く，倒産リスクに備える保険ということができます。逆選択を防ぐため，特定の取引先との契約のみを対象とすることはできず，あらかじめ約定した条件に合致する売買契約すべてを対象とする包括契約方式が採られています。

○住宅資金貸付保険
　企業が社員に貸し付けた持家融資資金の貸倒れ損害に備えて，付保するものです。

2．保証保険

　債務者が保険契約者となり，自身の債務不履行による債権者の損害を回復するために利用するのが保証保険です。被保険者は債権者であり，この保険は「第三者のためにする保険」となります。

○入札・履行保証保険
　入札者が落札したにもかかわらず，契約を締結しないために発注者が被る損害や，請負契約や売買契約を締結したにもかかわらず，債務を履行しないために発注者が被る損害に備え，発注者が入札者・債務者に付保を求める保険です。
　国や地方公共団体が発注する公共工事については，入札・契約の際に入札保証金や契約保証金が必要とされていますが，入札・履行保証保険を契約していれば，保証金が免除されるメリットがあります。
　しかしながら，入札・履行保証保険では，保険金が発注者に支払われるだけであって工事の完成や商品の納入が担保されるわけではありませんので，公共工事については下記のボンドが広く利用されるようになっています。

3．ボンド

　ボンド（保証証券業務）は，保険ではなく，銀行等が行う保証業務と同様民法上の「保証」を行うものですが，保険業法により損害保険会社はこの業務を行えることとなっています。

　債務者が契約上の債務を確実に履行することを保険会社が「保証人」として保証するものであり，債務者の債務不履行があった場合には，保険会社が代わって債務を履行します。

○法令保証

　法令に基づく担保提供義務や保証金供託義務を保証するものです。法令に基づく義務には次のようなものがあります。

- 民事執行法等に基づく担保・保証金提供義務の保証
- 関税・消費税法等に基づく税金の延納制度に関する担保提供義務の保証
- 前払式証票の規則等に関する法律に基づく発行保証金供託義務の保証

○公共工事履行ボンド

　公共工事を受注した建設業者が請負契約書上の工事完成債務や損害賠償債務等を履行することを，保証人である保険会社が保証するものです。建設業者は，公共工事履行保証証券を提示することで，契約保証金の納付が免除となります。

　保険会社による保証は，通常，債務者である建設業者を援助して債務の履行を可能にするか，別の建設業者に債務を履行させることによってなされます。

設問 28

　いずれも債務不履行による損害を対象にしている信用保険と保証保険の違いを説明しなさい。

CHECK LIST
チェックリスト

- ☐ 信用保険とはどのような保険か理解できましたか。
- ☐ 信用保険にはどのような種類があるか理解できましたか。
- ☐ 保証保険とはどのような保険か理解できましたか。
- ☐ ボンド（保証証券業務）について理解できましたか。
- ☐ 信用保険と保証保険の違いについて理解できましたか。
- ☐ 公共工事においては，保証保険よりもボンドがよく利用されている理由が理解できましたか。

Chapter 14 費用・利益保険

　被保険者の費用損害，利益損害を補償する保険です。古くは，興行中止保険や天候保険などがあり，費用・利益保険という事業種類に分類されていましたが，その後社会ニーズに応じてさまざまな費用保険が登場してきました。

1．興行中止保険

　偶然な事故により興行などが中止・変更になった場合に，興行主等の被保険者がすでに支出していた費用や喪失した利益を補償する保険です。偶然な事故の例としては，悪天候やアーティストが病気で来日できなかったなどがあります。補償される費用としては，会場賃借料，大会運営費，広告宣伝料などが考えられます。

2．天候保険

　ゴルフ場やスキー場などが，天候の影響で営業できなかった日が一定期間を超える場合に，付保経常費，喪失した利益，営業開始のために支出した有益な費用を補償する保険です。

３．約定履行費用保険

　偶然な事由の発生を条件に，被保険者が一定の金銭等の債務を履行することや相手の債務を免除することを約定している場合に，その約定を履行することによって被る損害を補償する保険です。

　前者には，自動車ディーラーが新車販売にあたり，１回目の車両損害の修理サービスを提供している場合が該当します。

　後者には，クレジットカード会社が，カード利用者死亡の際にはカード利用による支払い債務を免除する約定をしている場合が該当します。

４．知的財産権訴訟費用保険

　被保険者の知的財産権（特許権，実用新案権，意匠権，商標権）が侵害されるかそのおそれがあるとして，訴訟提起する場合の弁護士費用や鑑定費用を補償するものです。また，被保険者が第三者から第三者の知的財産権を侵害したかそのおそれがあるとして訴訟提起された場合の，被保険者の訴訟対応のための弁護士費用や鑑定費用も対象としています。いずれの場合も，訴訟等に対応する費用のみが対象であり，損害賠償金は対象外となっています。

５．ネットワーク中断保険

　通信事業者や放送事業者のネットワーク施設の機能停止によって，営業が阻害された場合の喪失利益および収益減少費用を補償する保険です。

6．生産物回収（リコール）費用保険

　メーカーや販売元などが製造・販売した生産物の欠陥により，対人・対物事故が発生したかそのおそれがある場合に，被保険者が生産物の回収（リコール）等を実施することによって生じた費用を補償する保険です。

　回収等の実施は，次のいずれかにより客観的に明らかになった場合に限られます。

① 　行政庁への文書での報告・届出

② 　新聞，雑誌，テレビ，ラジオでの社告

③ 　回収実施についての行政庁の命令

　対象となる回収費用等の範囲は，次の通りです。

- 社告費用，通信費用
- 回収生産物の修理費用，代替品の製造原価，回収生産物への返金
- 回収生産物の輸送費用，保管費用，廃棄費用
- 回収に関する人件費，出張費

設問 29

　リコール費用保険では，①行政庁への届出，②マスコミでの社告掲載，③行政庁からの回収命令のいずれかがないと保険金が支払われないこととなっていますが，その理由を説明しなさい。

7．レジャー・サービス施設費用保険

　旅館，遊園地，小売業，飲食業，鉄道業など不特定多数の利用者が来場するレジャー・サービス施設において，不測の事故の発生により施設が損害を被った場合に，事故対応のために被保険者が支出した費用を補償する保険です。

　対象とする不測の事故は，火災，落雷，破裂・爆発，風・ひょう・雪災，水災，物体の飛来，施設内の食中毒です。保険金支払いの対象となる費用は，事故で死傷した利用者に対する各種対応費用（被災者の相続人の交通費・宿泊費，被災者の捜索救助費用・移転費用，被保険者の現地出張費用・現地対策本部費用・通信費用），弔慰金・見舞金の費用，新聞等でのおわび広告・営業再開広告の費用となります。

CHECK LIST
チェックリスト

□　費用・利益保険にはどのような種類があるか理解できましたか。

□　リコール費用保険において，社告等の実施が保険金支払いの条件となっている理由を説明できますか。

Chapter 15 傷害保険

１．補償内容

　被保険者が急激かつ偶然な外来の事故によって身体に被った傷害に対して保険金を支払うものです。

２．傷害の三要件

○急　激
　急激とは，傷害の原因となった事故から結果としての傷害までの過程が直接的で，時間的間隔がないことをいいます。したがって，長年のキーパンチャーとしての労働によるけんしょう炎は急激性がないと解されています。

○偶　然
　偶然とは，被保険者が事故原因または傷害結果の発生を予知できないことをいいます。たとえば，階段を踏み外して骨折した場合は，原因の発生を予知していないために偶然であるといえます。また，陸上競技の際にじん帯を切った場合は，傷害結果を予知していないため，偶然であるといえます。

○外　来
　外来とは，傷害の原因が被保険者の身体の外からの作用によることをいいます。たとえば，脳卒中により転倒して骨折したような場合は，外来性がないといえます。内部からの作用によるものは疾病であり，これは医療保険等の対象となっています。

３．保険の種類

	日常生活全般を対象	交通事故関連のみを対象
本人のみ	普通傷害保険	交通事故傷害保険
家族も対象	家族傷害保険	ファミリー交通事故傷害保険

４．免責事由

- 保険契約者・被保険者，保険金受取人の故意
- 被保険者の自殺行為，犯罪行為，闘争行為
- 被保険者の無免許運転・飲酒運転
- 被保険者の脳疾患，疾病，心神喪失，妊娠等，医療処置
- 地震，戦争，原子力
- 山岳登はん等の危険な運動をしている間の傷害
- 自動車競技等をしている間の傷害，航空機を操縦している間の傷害

５．保険金の種類

	期間の制限	保険金の額
死亡保険金	事故の日から180日以内	保険金額
後遺障害保険金	事故の日から180日以内	障害の程度に応じて保険金額の4％〜100％
入院保険金	事故の日から180日以内で180日を限度	入院1日につき入院保険金日額
手術保険金	事故の日から180日以内	入院保険金日額の10倍または5倍
通院保険金	事故の日から180日以内で90日を限度	通院1日につき通院保険金日額

6．保険料

○普通傷害保険

　職種級別と保険金額により保険料が決まります。家族傷害においては，本人以外の家族は職種級別を考慮しません。

職種級別	基　　準	例
Ａ級	傷害リスクの低い職業	事務従事者，販売従事者
Ｂ級	傷害リスクの高い職業	農林作業従事者，自動車運転者，建設作業者

○交通事故傷害保険

　保険金額により保険料が決まります。

○海外旅行傷害保険，国内旅行傷害保険

　旅行期間と保険金額により保険料が決まります。

7．交通事故傷害保険の補償範囲

　日常生活全般を対象とする普通傷害保険と異なり，交通事故に関連する次のような傷害に限って補償されます。
- 運行中の交通乗用具との衝突・接触，運行中の交通乗用具の火災・爆発などによる傷害
- 運行中の交通乗用具に搭乗中の傷害
- 交通乗用具の乗降場構内での傷害
- 道路通行中の建物の倒壊，物体の落下，崖崩れ等または火災，破裂・爆発による傷害

8．海外旅行傷害保険

　海外旅行傷害保険では，基本契約として，傷害による治療費用・後遺障害・死亡について保険金を支払いますが，さらに特約として，疾病治療費用，疾病死亡，

救援者費用，賠償責任，携行品損害についても対象とできる点が特徴です。会社により，海外旅行保険，海外旅行総合保険等の名称も使用されています。

海外旅行保険の契約例

補償項目	保険金額
傷害死亡	3,000 万円
傷害後遺障害	90〜3,000 万円
治療・救援費用	無制限
疾病死亡	1,000 万円
賠償責任	1 億円
携行品	30 万円
航空機寄託手荷物遅延	10 万円

CHECK LIST
チェックリスト

☐ 傷害保険における傷害の三要件とは何か理解できましたか。

☐ 普通傷害保険と家族傷害保険の違いは理解できましたか。

☐ 普通傷害保険と交通事故傷害保険の違いは理解できましたか。

☐ 傷害保険の保険金の種類は理解できましたか。

☐ 交通事故傷害保険の補償範囲は理解できましたか。

☐ 海外旅行傷害保険と疾病補償の関係は理解できましたか。

参考文献｜REFERENCE

大谷孝一編著『保険論〔第2版〕』成文堂，2008年。

木村栄一，野村修也，平澤敦編『損害保険論』有斐閣，2006年。

小坂雅人『損害保険講座テキスト　新種保険論（第三分野）』損害保険事業研究所，2024年。

後藤和廣『損害保険講座テキスト　リスクマネジメントと保険』損害保険事業研究所，2005年。

下和田功編『はじめて学ぶリスクと保険〔第4版〕』有斐閣ブックス，2014年。

損害保険事業研究所『主要国における共済制度の現状と方向性について』2004年。

損害保険事業研究所編『損害保険講座テキスト　火災保険論』損害保険事業研究所，2024年。

損害保険料率算出機構編『損害保険講座テキスト　自動車保険論（第32版)』損害保険事業研究所，2024年。

ピーター・バーンスタイン著，青山護訳『リスク－神々への反逆』（上・下）日経ビジネス人文庫，2001年。

保険毎日新聞社『2008年度版　自賠責保険のすべて』

三井住友海上火災保険株式会社編『損害保険講座テキスト　新種保険論（賠償責任)』損害保険事業研究所，2023年。

森宮康『保険の基本』日本経済新聞社，2005年。

吉澤卓哉『保険の仕組み』千倉書房，2006年。

解 答 編

総 論

Chaper 1 リスク

【設問1】 私たちが日常でよく使用しそうな次の用例では，リスクを次のうちどちらの意味で使用
しているか，①②で答えなさい。
①損失のみならず収益の発生をも想定している場合
②損失のみが発生することを想定している場合
解答：（1）①　（2）②

【設問2】 リスクマネジメントにおけるハザード概念について説明しなさい。
解答： ハザードとは，損害発生の可能性を高めたり損害を拡大したりする要因をいう。
リスクとは，損害が発生する可能性という広い概念であり，その構造を細かく見
てみると，対象に事故（ペリル）が生じて，その結果対象に機能障害の発生という
損害が生じ，その経済的影響である損失が発生すると説明できるが，ハザードは
ペリルの発生状況や，ペリル発生後の損害の発生状況に影響を与えるものである。
ハザードには，ペリルが発生する可能性を作ったり高めたりする生起要因と，
損害の規模を拡大する拡大要因がある。また，建物の老朽化等の物理的ハザード，
放火等のモラルハザード，不注意などのモラールハザードに分類できる。

【設問3】 火災事故を想定して，生起要因ハザードと拡大要因ハザードの例をそれぞれ3つあげな
さい。
解答：（1）家族に喫煙者がいる，事務所の給湯室にガスコンロがある，工場で直火を使
用している，など。
（2）木造である，消火器を設置していない，乾燥注意報が出ていた，など。

Chaper 2 リスクマネジメント

【設問4】 リスクマトリクスのⅠからⅣのリスクにつき，次の有効なリスクマネジメント手法を次
から選びなさい。複数選ぶ場合もあります。
①回避　②ロスコントロール　③保有　④移転
解答：（1）③　（2）②③　（3）②④　（4）①②③

【設問5】 次のような対策は，ロスコントロールのうち，①損失予防，②損失低減どちらに該当する
か答えなさい。
解答：（1）①　（2）②　（3）②　（4）①　（5）①

127

Chaper 5　保険とは

【設問 6】　純粋リスクと投機的リスクについて説明しなさい。

　　解答：純粋リスクとは，不確実な状況における結果が損失のみであるリスクであり，投機的リスクとは，不確実な状況における結果が損失のみならず，利益となる可能性もあるリスクである。

　　　　　純粋リスクの例としては，自然災害，自動車事故，盗難，損害賠償責任，労働災害などがあげられ，投機的リスクの例としては，価格リスク，為替リスク，利子率リスクなどがあげられる。

　　　　　一般に純粋リスクは保険可能だが，投機的リスクは保険不能である。

Chaper 6　保険制度を支える原則

【設問 7】　保険制度を支える原則として「給付・反対給付均等の原則」がありますが，ここでいう給付は何を指し，反対給付は何を指しているのかを説明しなさい。

　　解答：給付は保険者が支払うべき保険金，反対給付は保険契約者が支払う保険料を指す。

　　　　　なお，給付・反対給付均等の原則とは，保険契約者が支払う個別保険料は，事故発生確率に平均保険金を乗じたもの，すなわち保険金の数学的期待値に等しいということを示すものであり，収支相等の原則とともに保険制度を支える重要な等価原則である。

【設問 8】　給付・反対給付均等の原則は，公平の原則とも呼ばれ，個々の保険契約者はそれぞれのリスクに応じた保険料を支払うということを表していますが，実際の保険においてはどのような手段によってこれを達成しているでしょうか。自動車保険を例にあげて説明しなさい。

　　解答：自動車保険の保険料は，用途・車種によって運行実態や事故時の衝撃度の大きさが異なることから用途・車種ごとに設定されており，用途・車種間のリスクの差を反映したものとなっている。また，同じ用途・車種であっても運転者の性向や技量によりリスクは異なることから，年齢区分別保険料やノンフリート等級制度，フリートのメリット・デメリット料率による過去の事故歴を反映する割増引を導入することにより，リスク差の調整を図っている。

【設問 9】　大数の法則が保険にとって重要な統計法則である理由を記述しなさい。

　　解答：保険は収支相等となるように運営されているが，収入保険料の正確性・信頼性を高めるためには過去の統計データの観察数を多くし，支払保険金を安定させるためには，契約者数を多くしなければならない。

　　　　　大数の法則とは，事象の観察数が多くなればなるほど，実際の結果が予想の結果に近づくであろうという法則であるが，保険においては統計データ数・契約者数ともに，大数の法則が成り立つほど大量にしなければ，収支相等の原則を達成できないため，大数の法則は保険にとって重要な統計法則である。

Chaper 7 逆選択とモラルハザード

【設問 10】 保険者は逆選択にどのように対処しているか，説明しなさい。

> **解答**：生命保険においては，契約成立前に医的診査を行い，被保険者の健康状態を把握したうえで引き受けの可否を判断している。 企業向けの損害保険においては，対象物件の現場調査を行うなどリスクを自ら確認したうえで引き受けの可否を判断している。
>
> 　医療保険や個人向けの損害保険では，書面によりリスク情報を得ているが，引受判断に影響を及ぼす重要事項について約款において契約者には告知義務を課しており，事実を告げ不実を告げないことを求めている。 契約者がこれに違反すれば，告知義務違反により保険会社は契約を解除でき，保険金も支払わないという厳しい規定を設けている。

【設問 11】 保険者はモラルハザードにどのように対処しているか，説明しなさい。

> **解答**：放火や保険金殺人といったモラルハザードについては，免責規定や無効・解除規定をおき，そのような疑いがある場合は調査を行っている。 モラールハザードについては，損害保険では損害防止軽減義務を契約者・被保険者に課し，これに反した場合には防止軽減できた損害については保険金を支払わないものとしている。 契約にあたっては，モラールハザードの発生しやすいものについては免責金額を設定して事故の際には被保険者にも自己負担が発生するようにし，事故防止のインセンティブとしている。

【設問 12】 保険契約においては，2 つの情報の非対称性があり，リスクの大きさについては保険契約者が情報優位であり，契約内容については保険者が情報優位です。 逆選択を考慮して，保険契約者には告知義務が課せられ厳しく規律づけられていますが，これを運用する際に保険者が留意すべきことを論じなさい。

> **解答**：不適切な保険金不払問題においては，募集人が保険契約者に不告知を教唆するなど不適切な募集のために結果として告知義務違反となった事例もあった。 約款により保険契約者を厳しく律するうえは，保険者は告知義務に違反した場合の罰則について十分に説明をするとともに，不適切な募集がなされないよう募集人を十分教育することが必要である。

Chaper 8 保険契約の基礎

【設問 13】 損害保険契約における「保険契約の目的」と「保険の目的物」の違いを説明しなさい。

> **解答**：保険法 3 条は，「損害保険契約は，金銭に見積もることができる利益に限り，その目的とすることができる。」と規定しており，「保険契約の目的」は被保険利益すなわち被保険者が保険の目的物に対して有する経済的な利益である。「保険の目的物」は，保険法において「保険事故によって損害が生ずることのある物として損害保険契約で定めるものをいう」（6 条 7 号）とされており，火災保険における住宅がこれに該当する。

解 答 編　129

【設問 14】 生命保険における「第三者のためにする生命保険」と「第三者を被保険者とする生命保険」を説明したうえで、「第三者を被保険者とする生命保険」について保険法がどのように規制しているかを述べなさい。

解答：「第三者のためにする生命保険」とは、保険契約者と保険金受取人が異なる生命保険契約であり、「第三者を被保険者とする生命保険」とは、保険契約者と被保険者が異なる生命保険契約である。

第三者を被保険者とする生命保険を契約する場合には、保険金殺人などのモラルリスクの可能性があるため、保険法は38条において、被保険者の同意を要する旨規定している。

【設問 15】 生命保険、損害保険それぞれについて、保険契約者、被保険者および保険金受取人の関係を記述しなさい。

解答：生命保険において、保険契約者は、契約の当事者である。被保険者は、その者の生存又は死亡に関し保険者が保険給付を行うことになる者（保険法2条）である。保険金受取人は保険金受取人として指定された者をいい、保険契約者・被保険者のいずれかであってもよいし、それ以外の者でもよい。なお、保険金受取人が保険契約者以外の者である契約を第三者のためにする生命保険契約という（保険法42条）。

損害保険において、保険契約者は、契約の当事者である。被保険者は、損害保険契約によりてん補することとされる損害を受ける者（保険法2条）であり、被保険利益（保険法3条）の帰属主体である。したがって損害保険では被保険者が保険金を受け取る。

Chaper 9 損害保険と生命保険

【設問 16】 少額短期保険業制度につき、その概要と導入経緯を説明しなさい。

解答：少額短期保険業者とは、保険業法上の保険業のうち、一定事業規模の範囲内において、少額かつ短期の保険の引受けのみを行う事業者をいう。ここでいう一定事業規模とは、年間収受保険料が50億円以下、少額とは、疾病重度後遺障害・死亡300万円、疾病・傷害入院給付金等80万円、傷害重度後遺障害・死亡600万円、損害保険1,000万円、かつ1人の被保険者について総額1,000万円以下であり、短期とは損害保険2年以下、生命保険・医療保険1年以下であることをいう。

少額短期保険業制度は、2005年の改正保険業法が契約者保護を目的に根拠法のない共済も保険業に含めて保険業法による規制の対象としたため、それまで共済を実施してきた団体に配慮して創設されたものであり、設立時には登録制、最低資本金1,000万円など保険会社に比べて要件が緩和されている。

Chaper 11　保険経営―保険の引受け

【設問 17】相互会社における社員とは何か，説明しなさい。

　　　解答：相互会社の社員とは，保険契約者である。保険業法 2 条 5 項は，相互会社を，「保険業を行うことを目的として保険業法に基づき設立された保険契約者を社員とする社団をいう」と規定している。

Chaper 12　保険経営―保険料と保険金支払い

【設問 18】平準保険料とは何か，説明しなさい。

　　　解答：生命表によれば，死亡率は年齢に応じて高くなるため，加入者が負担すべき死亡保険料は 1 年ごとに高くなり，これを自然保険料という。自然保険料による契約では，いずれ保険料の上昇に耐えきれなくなる保険契約者が出てくるという問題とともに，保険者側にも事務が煩雑になることに加え，保険料が高くなっても契約を継続しようとする者には健康上の不安があることが多く，逆選択の可能性が大きくなるという問題がある。

　　　　　平準保険料とは，保険料を保険期間全期にわたって平準化するように算出された保険料であり，長期の生命保険契約においては，加入時の年齢で決まる保険料が保険期間中変わらない平準保険料が採用されている。

【設問 19】生命保険会社の三利源を説明しなさい。

　　　解答：生命保険会社の三利源は，死差益，利差益および費差益であり，生命保険事業から生じる企業収益の主な源泉となっている。

　　　　　生命保険の保険料は，予定死亡率，予定利率および予定事業費率によって算出されているが，死差益とは予定死亡率とその年度に現実に生じた死亡率の差から生まれた収益，利差益とは予定利率と現実の運用利回りの差から生じた収益，費差益とは，予定事業費率と現実に費消した事業費の差から生じた収益である。

【設問 20】責任準備金とは何か，説明しなさい。

　　　解答：責任準備金とは，保険契約に基づく給付にかかる将来の支払いに備えるために積み立てられる準備金である。保険会社は，支払備金，契約者配当準備金とともに毎年決算期末に積み立てなければならない。

　　　　　生命保険会社の責任準備金には，決算時点で収入保険料のうち保険期間の未経過期間に対応する部分を積み立てておく未経過保険料準備金，保険料の中の純保険料に組み込まれている蓄積保険料を元本として予定利率で増額した元本合計金を累加して積み立てた保険料積立金，ならびに予定基礎率を上回る給付の支払いが発生する危険に備えて積み立てる危険準備金がある。

　　　　　損害保険会社の責任準備金には，決算時点で収入保険料のうちの未経過保険料と，1 事業年度の収支残額のいずれか大きい金額を積み立てる普通責任準備金，ならびに異常災害の発生による巨額な保険金支払いに備えて保険種類ごとに収入保険料の一定額を累積的に積み立てる異常危険準備金などがある。

解　答　編　131

Chaper 13　保険の監督システム

【設問21】 2005年の保険業法の改正（2006年4月施行）により，保険業の定義がどう変わったか，説明しなさい。

> **解答：** 改正保険業法2条1項は，保険業の定義として，「人の生死に関し一定額の保険金を支払うことを約し保険料を収受する保険，一定の偶然の事故によって生ずることのある損害をてん補することを約し保険料を収受する保険その他の保険で，第三条第四項各号又は第五項各号に掲げるものの引受けを行う事業（次に掲げるものを除く。）をいう。」と規定している。改正前は，冒頭に「不特定多数の者を相手方として」との文言があったため，特定の者のみを対象とする共済は保険ではないとされ，保険監督官庁の監督が及ばなかったが，この改正により共済も保険の一形態とされた。なお，除外されるカッコ内の文言は，改正前は「（他の法律に特別の規定のあるものを除く。）」であり，農業協同組合法や消費生活協同組合法に基づく制度共済のみが除外されることとなっていたが，保険業の範囲が広がったことに伴い，企業内共済や地方公共団体が行う住民共済なども保険業から除外するため，「（次に掲げるものを除く。）」として，それらを制度共済とともに列挙して保険業の定義からは除外されることを規定した。

【設問22】 保険の新商品や料率改定にかかる認可制と届出制の違いを説明しなさい。

> **解答：** 認可とは，保険の内容が消費者保護に欠けるおそれがないか，保険料率は合理的・妥当に算出されているかなどを免許時の審査と同様に監督当局が事前に審査した上でなされるものであり（保険業法123条1項，124条），事業方法書等記載事項の変更認可に関しては，標準処理期間は90日とされている（保険業法施行規則246条）。
>
> 届出とは，企業分野の保険等保険業法施行規則83条に掲げる契約に関して適用されるもので（保険業法123条2項），認可と同様の審査はあるものの，届出後90日以内に監督官庁の変更命令がない限り届出内容が自動的に認められる（保険業法125条1項）。

Chaper 14　社会保険

【設問23】 国民年金の被保険者について，説明しなさい。

> **解答：** 国民年金の被保険者には，第1号被保険者，第2号被保険者および第3号被保険者がある。第2号被保険者は，被用者年金制度の被保険者，組合員または加入者となっている者であり，民間サラリーマンや公務員が該当する。第3号被保険者は，第2号被保険者の配偶者で第2号被保険者の収入により主に生計を維持する20歳以上60歳未満の者であり，専業主婦などが該当する。第1号被保険者は，日本国内に住所を有する20歳以上60歳未満の者で第2号被保険者，第3号被保険者のいずれにも該当しない者であり，自営業者，農業者などが該当する。

Chaper 15 保険金不払い問題

【設問24】 保険金支払漏れの被害にあわないためには，保険契約者の自衛も必要です。 どのように注意を払えばよいか，説明しなさい。

解答：保険会社は，事故報告がなされた場合には，保険会社の方から支払われる可能性のある保険金について詳しく説明をすることとしており，支払漏れは減少すると思われるが，保険契約者の側でも自衛の手段を講じておく必要がある。 注意点としては，次のようなものが考えられる。

（1）自分のリスクとニーズを十分検討してから保険に加入する。

自分にはどういうリスクがあり，そのリスクについて保険による補償が必要なのかどうかをよく検討したうえで保険に加入するべきである。 こういった検討は当たり前とも思えるが，実際には募集人の勧めるまま保険に加入して，保険契約者が保険の補償内容を十分理解していないケースが非常に多い。

（2）事故報告（主たる保険金請求）は自分で責任をもって行う。

保険会社は態勢改善に努めており，今後は付随的な保険金の項目について保険契約者の請求漏れがあった場合には適切なアドバイスをしてくれることとなるが，事故報告自体がなされていない場合には対応のしようがない。 保険の対象となる事故が発生した場合には，その報告は保険契約者が責任をもって行わなければならない。

（3）保険金請求をすると翌年以降保険料が上がる商品については，請求・不請求を自身で判断する。

たとえば，自動車保険などでは，保険金を請求すると翌年以降の保険料が上がるため，あまりに少額の保険金請求をすると，かえって保険契約者の不利益になることがある。 このような場合は，保険会社または代理店に翌年以降の保険料にどういう影響が出るのか説明を求めたうえで，保険金請求をするか否かを保険契約者自身で判断することが重要である。

損害保険各論

Chaper 1 火災保険の基礎

【設問1】 失火者の責任について，説明しなさい。 民法の不法行為責任・債務不履行責任，失火責任法を考慮しなさい。

解答：近隣への類焼被害による第三者への責任については，失火に重過失が認められない限り失火者は責任を免れる。故意または過失により第三者の権利を侵害した者は，民法709条の不法行為責任を負うが，木造住宅が密集している日本においてこれを適用すると失火者に多大な責任を負わせることになるため，失火責任法は，失火の場合には重過失がある場合を除き，不法行為責任を適用しないとしているのである。

解 答 編　133

なお，失火者が住宅の賃借人である場合の大家の損害のように，契約の相手方への責任については，民法415条の債務不履行責任が問われることとなり，これには失火責任法は適用されないため，軽過失による失火であっても大家の損害を賠償しなければならない。

【設問 2】 火災保険における保険金額と保険価額の関係を3分類し，それぞれの場合の保険金の支払われ方について説明しなさい。なお，80％付保条件付実損てん補条項は無視してかまいません。

　解答：保険金額が保険価額を超えている契約を超過保険，保険金額が保険価額と等しい契約を全部保険，保険金額が保険価額に満たない契約を一部保険という。超過保険，全部保険の場合は，約款により保険価額限度に損害額を保険金として支払うと規定しており，一部保険の場合は，比例てん補となり，保険金額の保険価額に対する割合を損害額に乗じた額を支払うと規定されている（保険法19条および約款）。

　　　　　保険価額を1,000万円，損害額を500万円とした場合の支払保険金を算出してみる。保険金額を2,000万円とした超過保険と保険金額を1,000万円とした全部保険の支払保険金は，損害額500万円が支払われる。保険金額を500万円とした一部保険の支払保険金は，損害額500万円×保険金額500万円／保険価額1,000万円＝250万円が支払われる。

【設問 3】 火災保険の保険料率は，どのような要素によって決定されるか，物件種類（住宅物件，工場物件，一般物件）ごとに述べ，またその理由について，簡単に述べなさい。

　解答：住宅物件と一般物件の保険料率は，建物の構造と所在地（原則として都道府県）によって区分されている。これは建物の構造により損害の程度が異なり，所在地により自然災害の発生度合が異なるためである。なお，住宅物件の構造級別は，保険料とりすぎ問題をうけ，M構造（耐火構造の共同住宅），T構造（M構造以外の耐火構造・準耐火構造の建物），H構造（木造等の建物）の3分類に簡素化された。

　　　　　工場物件の保険料率は，建物の構造と，業種・作業工程によって区分されている。工場の場合，どのようなものを使用し，どのような作業をしているかが，火災発生の頻度・損害の程度に大きな影響を及ぼし，この影響がどこに所在するかによる影響よりも大きいためである。

Chaper 2　火災保険の種類

【設問 4】 住宅総合保険と住宅火災保険の補償範囲の違いを説明しなさい。

　解答：住宅火災保険は，火災，落雷，破裂・爆発，風・ひょう・雪災によって生じた損害を担保しているが，住宅総合保険は，これらに加えて，建物外部からの物体の落下・飛来・衝突，給排水設備事故による水濡れ，騒じょうに伴う破壊行為，盗難，持ち出し家財の損害，水災など日常生活にかかわるさまざまなリスクを総合的に担保している。

【設問 5】 火災保険における価額協定保険の概要とその意義を説明しなさい。

　解答：価額協定保険とは，契約時に保険の目的の評価を行い，その評価額に基づいて再調達価額（新価）基準により保険金額を設定する火災保険である。通常の火災保

険と比較した場合のメリットとして，1つには，事前に評価がなされるため，極端な一部保険になることを回避でき，比例てん補となる可能性が低くなること，2つめは，保険金額が再調達価額に基づくものであるため，罹災時には保険金によって住宅を建て替えることが可能となっていることである。

Chaper 3　地震保険

【設問6】　地震保険で対象とならない「一部損に満たない損害」を説明しなさい。
　　　解答：建物については，建物の主要構造部の損害の額が当該建物の保険価額の3%未満の場合であり，生活用動産については，生活用動産の損害の額が，当該生活用動産の保険金額の10%未満の場合である。

【設問7】　地震保険の損害認定の特徴を述べ，そのような認定方法となっている理由を説明しなさい。
　　　解答：通常の保険の損害査定と大きく異なる特徴は，損害の程度を4つのスケールに分け，保険金額の一定額を支払うこととすることによって，迅速な保険金支払いができるようにしていることである。
　　　　　　全損の場合は地震保険金額の全額，大半損の場合は地震保険金額の60%，小半損の場合は地震保険金額の30%，一部損の場合は地震保険金額の5%が支払われる。

Chaper 4　自賠責保険

【設問8】　自賠法が定める運行供用者の責任について，民法の一般不法行為責任と比較しながら説明しなさい。
　　　解答：一般の不法行為については過失責任主義の原則がとられており，標準的な注意を払っていれば，不測の責任を負わされることがないということで，近代社会・経済の発展の基盤をなしてきた。しかしながら，瞬時に発生する自動車事故においては被害者が加害者の過失を立証することは極めて困難であるため，自賠法では挙証責任の転換を図り，運行供用者が自らに過失がなかったことを証明しない限り責任を負う旨規定し，被害者救済の実効性を高めている。

【設問9】　自賠法の免責三要件について説明しなさい。
　　　解答：運行供用者は，①運行供用者及び運転者が自動車の運行に関し注意を怠らなかったこと，②被害者又は運転者以外の第三者に故意又は過失があったこと，③自動車に構造上の欠陥又は機能の障害がなかったこと，のすべてを立証した場合に運行供用者責任を免れるが，この3つの要件をいわゆる自賠法の免責三要件という。なお，三要件のすべてを立証するのは極めて困難であり，運行供用者責任は，実質的な無過失責任といわれている。

【設問10】「運行供用者」と「自賠責保険の被保険者」の関係を説明しなさい。
　　　解答：運行供用者とは，「自己のために自動車を運行の用に供する者」であり，自賠法上の責任主体となっている。自動車の保有者と泥棒運転者・無断運転者がこれに該

解答編　135

当する。

　　自賠責保険の被保険者は，自動車の保有者と運転者である。運転者は，運行供
用者のために業務を遂行しているだけなので，自賠法では責任主体としていない
が，被害者が民法上の不法行為責任を追及することも考えられるため，自賠責保
険では被保険者に含めている。

　　泥棒運転者・無断運転者による事故の被害者に対しては，無断運転者等による
自己負担か政府保障事業による救済も考えられるが，多くは自動車の保有者の運
行供用者責任を問うことによる救済が行われる。

【設問11】自賠責保険における過失相殺の取り扱いについて，任意自動車保険と比較して説明しな
　　　　　さい。

　　解答：任意自動車保険では，民法の一般原則（民法722条2項）による過失相殺を行っ
　　　　　て損害賠償額を算定しているが，自賠責保険では被害者救済という目的に鑑み過
　　　　　失相殺は適用されない。それに代えて，被害者に重大な過失があった場合にのみ
　　　　　その過失の程度に応じて減額がなされることとなっている（「自動車損害賠償保
　　　　　険の保険金等及び自動車損害賠償責任共済の共済金等の支払基準」）。具体的には，
　　　　　被保険者の過失が70％以上であるときに，過失割合に応じて20％，30％，50％の
　　　　　減額が行われる。

【設問12】自賠責保険における被害者請求の意義を説明しなさい。

　　解答：自賠責保険は，責任保険として構成されており，保険金を請求できるのは加害者
　　　　　である被保険者である。しかしながら，自賠法は別途被害者による損害賠償額の
　　　　　支払いを求める権利を定めており，これを直接請求権という。この権利により，
　　　　　被害者は，加害者との交渉が円滑に進まない場合でも，迅速で確実な支払を受け
　　　　　ることができる。

Chaper 5　自動車保険

【設問13】無保険車傷害における「無保険」の意味を説明しなさい。

　　解答：交通事故の相手方が対人賠償保険を付保していない場合（無保険）のみならず，相
　　　　　手方が付保している対人賠償保険金額が，被保険者が付保している対人賠償保険
　　　　　金額より低い場合も含まれる。

【設問14】飲酒運転による事故の場合の補償をどう取り扱っているか，対人賠償，対物賠償，車両を
　　　　　取り上げて比較・説明しなさい。

　　解答：対人賠償および対物賠償においては，飲酒運転に起因する事故であっても特に免
　　　　　責とはされていないが，車両保険においては，「酒気帯び運転，運転資格を持たな
　　　　　い運転，麻薬等の影響により正常な運転ができない状態での運転により生じた損
　　　　　害」は免責とされている。

　　　　　車両保険の被害者は本人自身であり，飲酒運転等社会的に容認できない行為を
　　　　　原因とする損害は自己負担させる趣旨であるが，対人賠償・対物賠償は，被害者
　　　　　は被保険者以外の第三者であり，車両保険と同様に免責としてしまうと，被害者
　　　　　が救済されないおそれがあるため，このような規定となっている。

【設問 15】 自賠責保険と自動車保険対人賠償はいずれも人身事故の損害賠償責任を対象としていますが，補償範囲の違いを説明しなさい。

解答：対象とする保険事故については，自賠責保険が「自動車の運行によって」生じた事故を対象としているのに対し，自動車保険対人賠償は「自動車の所有，使用または管理に起因して」生じた損害を対象としており，駐車中の事故をも対象としている点から，自動車保険対人賠償の方が広くなっている。被害者の範囲については，自賠責保険においては被保険者の親族についても「他人」として補償の対象となるが，自動車保険対人賠償は親族間事故を免責条項において補償対象外としている。その他の免責事項では，自賠責保険はその社会保障的性格から，保険契約者または被保険者の悪意による事故招致のみを免責としているが，自動車保険対人賠償は，故意のみならず，戦争，地震・噴火・津波，台風・洪水・高潮，原子力によって生じた損害も免責としている。

【設問 16】 人身傷害補償と搭乗者傷害補償の関係について，説明しなさい。

解答：人身傷害補償は，被保険自動車その他の車両に搭乗中や歩行中に自動車事故で死傷した場合に，自己過失による損害を含めてその実損害額が支払われるものであり，他人の過失分についての被保険者の損害賠償請求権は保険会社が代位し，求償をする。

搭乗者傷害補償は，被保険自動車の正規の乗車装置に搭乗中の被保険者が，急激かつ偶然な外来の事故により身体に傷害を被った場合に，死亡・後遺障害・介護費用・医療の各保険金が支払われるものであり，この補償は定額払いの傷害保険であることから，人身傷害補償により実損額が補償されている場合でも，減額されることなく約定の保険金が支払われる。

したがって，自身の傷害について，実損額が補償されればそれを上回る補償は不要と考える場合は，搭乗者傷害の補償を外し保険料の節約を図ることも可能である。

Chaper 6 海上保険

【設問 17】 共同海損分担額とは何か説明しなさい。

解答：船舶，積荷および運送賃の複数の利益が共同の危険にさらされたときに，共同の安全のために故意にかつ合理的に払われる異常な犠牲や費用を共同海損損害といい，共同海損損害は利害関係者によってその受けた利益に比例して分担されるが，当該分担額を共同海損分担額という。

Chaper 7 賠償責任保険

【設問 18】 メーカーは，製品事故による被害者への損害賠償責任（製造物責任）の負担に備え，生産物賠償責任保険（国内 PL 保険）を利用しています。製造物責任法が定める製造物責任について，民法の一般不法行為責任と比較して説明しなさい。

解 答 編　137

解答：製造物責任法3条は，製品の欠陥により他人の生命，身体または財産を侵害した
ときは，製造業者等は責任を負担する旨を規定している。この責任は，欠陥責任
または厳格責任と呼ばれ，製造業者等の過失の有無にかかわらず，製品の欠陥が
事故の原因であれば責任を負担するということで，無過失責任の1つということ
ができる。わが国においては，1995年に製造物責任法が施行されるまでは，製造
物事故の被害者は過失責任である民法709条の不法行為責任で製造業者の責任を
追及せざるを得ず，製造業者の社内で発生している設計や製造の過失を立証する
ことにはかなりの困難があった。

【設問19】 請負業者賠償責任保険について，説明しなさい。

解答：建設業，土木工事業などの請負業者が，その作業の遂行に伴って負担する損害賠
償責任を対象とする賠償責任保険である。対象となる事例としては，ビルの工事
現場から鉄骨が落下し通行人が負傷したケースなどがあり，この保険の保険料算
出基礎は請負金額である。

【設問20】 ほかの保険では，保険契約者と被保険者の重過失は免責となっていますが，賠償責任保
険では支払い対象となっています。その意義について，説明しなさい。

解答：賠償責任保険は，加害者を被保険者とする保険であるが，加害者である被保険者
に賠償履行のための資力を提供することにより，結果的に被害者の救済を確実に
しているという意義がある。被保険者の故意までも保険の対象にすることは，公
序良俗に反し許されないが，過失であれば重過失も含めて対象とすることによっ
て，被害者の経済的救済を確実なものにしているのである。

【設問21】 賠償責任保険における保険金額無制限の取り扱いについて，自動車保険におけるそれと
比較して，説明しなさい。

解答：自動車保険の対人・対物賠償では，保険金額の設定において無制限とすることが
可能となっているが，賠償責任保険では保険金額無制限の設定はできない。これ
は，広く企業活動に起因する賠償事故を対象としている賠償責任保険においては，
たとえば製品欠陥で多数の被害者が発生することがありうるなど，保険金額無制
限とすると保険会社の体力を超える損害の発生がありうるためである。自動車保
険においても，1事故で複数の被害者が発生することはありうるが，一定程度の範
囲に限られるため，このような取扱いの差が生じている。

Chaper 8　海外 PL 保険

【設問22】 PL事故が海外で発生した場合，国内事故に比し，メーカーにはどのような困難があるの
か，説明しなさい。

解答：メーカーにとって，国内の訴訟であれば顧問弁護士に訴訟対応を依頼することが
可能である。しかしながら，PL訴訟は，海外の裁判所に提起されることも多く，
メーカーにとっては世界各地でPLに精通した弁護士を事前あるいは事後に手配
することにはかなりの困難が伴う。海外PLを扱う損害保険会社は，あらかじめ
世界各地にクレーム・エージェントと呼ばれるその地での訴訟対応を総括する弁
護士事務所と提携しており，かつ海外PL保険においては，海外での訴訟対応に

かかる防御（示談代行）サービスが提供されていることから，保険金の範囲内で
クレーム・エージェントの防御サービスを受けることができる。

Chaper 9　会社役員賠償責任保険（D&O 保険）

【設問 23】 株主代表訴訟の提訴費用が訴額にかかわらず13,000円と定額である理由を説明しなさい。

解答： 提訴費用は，通常訴額に応じて決定されるが，株主代表訴訟は株主が原告となって取締役に会社への損害賠償を求めるものであり，原告の財産権上の請求ではない請求とみなされる（会社法847条6項）ことから，訴額は160万円とみなされ（民事訴訟費用等に関する法律4条2項），提訴費用は13,000円となる。

Chaper 10　労働災害総合保険

【設問 24】 法定外補償条項の保険金額の設定について，定額方式，定率方式それぞれのメリットを説明しなさい。

解答： 定額式は，死亡，後遺障害各等級，休業1日あたりの補償額を，一定の金額で設定するものであり，いくら補償されるのかがわかりやすいというメリットがある。定額式による補償は，年収による差が生じないことから，最低補償を行いたいという目的には適しているといえる。

定率式は，死亡，後遺障害各等級，休業1日あたりの補償額を被災労働者の平均賃金の何日分（休業補償は，休業1日あたり平均賃金の何%）という形で設定するものであり，被災労働者の年収に応じた補償を自動的に行えるというメリットがある。

Chaper 11　動産総合保険

【設問 25】 オールリスク型保険について説明しなさい。また，オールリスク型でない保険は，どのように保険事故を規定しているか説明しなさい。

解答： オールリスク型の保険とは，支払い責任の条項において偶然な事故すべてを対象とすると規定し，対象としない事故は免責条項で規定する形式の保険である。オールリスク型でない保険の保険事故の規定方法は，たとえば火災保険の「火災，落雷，破裂・爆発」というように対象とする事故が列挙されており，限定列挙型の保険と呼ばれる。

【設問 26】 免責金額設定には，エクセス方式とフランチャイズ方式がありますが，その違いを説明しなさい。

解答： 損害額が免責金額に至らない場合はいずれの方式においても保険金は支払われないが，損害額が免責金額を超えた場合，フランチャイズ方式では損害額の全額について保険金を支払い，エクセス方式では損害額から免責金額を差し引いて保険金を支払う。

解答編　139

フランチャイズ方式は，小損害を査定する事務の煩雑さを回避するために火災
保険や動産総合保険で多く用いられており，エクセス方式は，常に自己負担が生
じることで被保険者に事故防止のインセンティブを与えることを目的に，自動車
保険や賠償責任保険で用いられている。

Chaper 12　工事保険

【設問 27】 建設工事保険，組立保険，土木工事保険が，それぞれ対象とする工事を説明しなさい。
　　　解答：建設工事保険は，各種建物の新築，増築，改築，改装，修繕の工事を対象とする。
　　　　　　土木工事保険は，道路舗装，トンネル工事等の各種土木工事を対象とする。　組立
　　　　　　保険は，建設工事保険，土木工事保険の対象とならない工事を対象としており，例
　　　　　　としては機械・装置・タンク等の据付工事，橋梁・鉄塔・石造物・煙突等の組立
　　　　　　工事，プラント工事などである。

Chaper 13　信用保険・補償保険・ボンド

【設問 28】 いずれも債務不履行による損害を対象にしている信用保険と保証保険の違いを説明しな
　　　　さい。
　　　解答：信用保険は，債権者が自ら保険料を負担して，契約相手方の債務不履行による自
　　　　　　身の損害を補てんするために契約する保険であり，保証保険は，債務者が自らの
　　　　　　債務不履行による債権者の損害を補てんするために契約する保険である。　いずれ
　　　　　　も債務者の債務不履行による債権者の損害を補償する保険であるが，信用保険は
　　　　　　自己のためにする保険，保証保険は第三者のためにする保険ということができる。

Chaper 14　費用・利益保険

【設問 29】 リコール費用保険では，①行政庁への届出，②マスコミでの社告掲載，③行政庁からの回
　　　　収命令のいずれかがないと保険金が支払われないこととなっていますが，その理由を説
　　　　明しなさい。
　　　解答：損害保険には事故の偶然性が必要である（保険法2条6号）が，リコール費用保
　　　　　　険においては回収等の実施決定を保険事故としているため，これだけでは事故の
　　　　　　偶然性を確保しがたい。したがって，回収等の実施決定が恣意的なものではなく，
　　　　　　真に必要であると客観的に確認できる三要素のいずれかが確認できる回収等につ
　　　　　　いてのみ保険金支払いの対象としているのである。

《著者紹介》

鴻上喜芳（こうがみ・きよし）
長崎県立大学経営学部教授（保険論，リスクマネジメント論），博士（法学）

1984 年　京都大学経済学部卒業
同　年　日本火災海上保険株式会社（現　損害保険ジャパン株式会社）入社
2004 年　（財）損害保険事業総合研究所出向　研究部　主席研究員
2006 年　日本興亜損害保険株式会社より大分大学経済学部に出向，教授
2012 年　長崎県立大学経済学部准教授
2015 年　長崎県立大学経済学部教授
2016 年　長崎県立大学経営学部教授，現在に至る

主な著書
『一般賠償責任保険の諸課題—CGL・保険危機の示唆と約款標準化—』法律文化社，2020年
『リスクマネジメント論トレーニング』創成社，2013 年
『消費者庁誕生で企業対応はこう変わる（大羽宏一編）』（共著）日本経済新聞出版社，2009 年

主な論文
「賠償責任保険普通保険約款の課題」（損害保険研究第81巻第1号，2019年）
「請負業者賠償責任保険管理財物免責の現状と課題」（損害保険研究第79巻第3号，2017年）
「生産物賠償責任保険リコール免責とリコール保険の現状と課題」（新PL研究2号，2017年）
「生産物賠償責任保険約款の課題」（保険学雑誌第636号，2017年）
「生産物賠償責任保険におけるビジネスリスク免責のあり方」（損害保険研究第78巻第3号，2016年）
「生産物賠償責任保険itself免責の課題—米国ISO約款を手がかりに—」（損害保険研究第78巻第1号，2016年）
「損害保険業の課題—近年の危機事例と環境変化を踏まえて—」（長崎県立大学経済学部論集第48巻第1号，2014年）
「原発事故風評被害のリスクマネジメント—リスクコントロール策を中心に—」（損害保険研究第75巻第3号，2013年）
「風評被害のリスクマネジメント—農業共済・漁業共済および損害保険による対応を中心に—」（危険と管理第44号，2013年）
「損害保険会社のCSR」（保険学雑誌第617号，2012年）
「損害賠償請求ベース約款におけるテールカバー・遡及カバーのあり方」（保険学雑誌第616号，2012年）
「米国の医療事故賠償責任の状況と保険マーケットの変化」（保険学雑誌第615号，2011年）
「消費者庁設置の影響と企業のリスクマネジメント」（危険と管理第41号，2010年）
「保険金不払・支払漏れにおける保険会社のリスクマネジメント」（危険と管理第38号，2007年）
「リスク・リテンション・グループの台頭—日本の損害保険事業はいかに備えるべきか—」（保険学雑誌第588号，2005年）

（検印省略）

2009 年 10 月 20 日　初版発行
2025 年 1 月 20 日　三訂版発行　　　　　　　　　略称—保険論トレ

保険論トレーニング［三訂版］

著　者　鴻　上　喜　芳
発行者　塚　田　尚　寛

発行所　東京都文京区　**株式会社　創 成 社**
　　　　春日 2-13-1

電　話　03（3868）3867　　ＦＡＸ　03（5802）6802
出版部　03（3868）3857　　ＦＡＸ　03（5802）6801
http://www.books-sosei.com　振　替　00150-9-191261

定価はカバーに表示してあります。

©2009, 2025 Kiyoshi Kogami　　　組版：スリーエス　印刷：エーヴィスシステムズ
ISBN978-4-7944-2634-5 C3034　　製本：エーヴィスシステムズ
Printed in Japan　　　　　　　　　落丁・乱丁本はお取り替えいたします。

———————————— 経営・マーケティング ————————————

保 険 論 ト レ ー ニ ン グ	鴻 上 喜 芳 著	1,700 円
リスクマネジメント論トレーニング	鴻 上 喜 芳 著	1,700 円
新・図解コーポレートファイナンス	森 　 直 哉 著	2,700 円
すらすら読めて奥までわかる コ ー ポ レ ー ト フ ァ イ ナ ン ス	内 田 交 謹 著	2,600 円
ゼロからスタート　ファイナンス入門	西 垣 鳴 人 著	2,700 円
情報リテラシーを身につける Excel	阿南・水野・泰松 澁谷・門田・栗林 著	2,500 円
デ ジ タ ル ＆ デ ザ イ ン ト ラ ン ス フ ォ ー メ ー シ ョ ン ―ＤＸとデザイン志向の未来戦略―	庄 司 貴 行 斎 藤 　 明 監修 平 井 直 樹 立教大学ビジネスデザイン研究所 編	2,200 円
働く人の専門性と専門性意識 ―組織の専門性マネジメントの観点から―	山 本 　 寛 著	3,500 円
地域を支え，地域を守る責任経営 ―CSR・SDGs 時代の中小企業経営と事業承継―	矢 口 義 教 著	3,300 円
供 　 給 　 の 　 科 　 学 ―サプライチェーンの持続的成長を目指して―	北 村 義 夫 著	3,500 円
コスト激増時代必須のマネジメント手法 「物流コストの算定・管理」のすべて	久保田 精 一 浜 崎 章 洋 著 上 村 　 聖	2,700 円
部 品 共 通 化 の 新 展 開 ―構造と推移の自動車企業間比較分析―	宇 山 　 通 著	3,800 円
ビジネスヒストリーと市場戦略	澤 田 貴 之 著	2,600 円
イ チ か ら 学 ぶ 企 業 研 究 ― 大 学 生 の 企 業 分 析 入 門 ―	小 野 正 人 著	2,300 円
イ チ か ら 学 ぶ ビ ジ ネ ス ― 高 校 生・大 学 生 の 経 営 学 入 門 ―	小 野 正 人 著	1,700 円
流 　 通 　 と 　 小 　 売 　 経 　 営	坪 井 晋 也 河 田 賢 一 編著	2,600 円
ビ 　 ジ 　 ネ 　 ス 　 入 　 門 ― 新 社 会 人 の た め の 経 営 学 ―	那 須 一 貴 著	2,200 円
ｅ ビ ジ ネ ス・ＤＸ の 教 科 書 ― デ ジ タ ル 経 営 の 今 を 学 ぶ ―	幡 鎌 　 博 著	2,400 円

（本体価格）

———————————— 創 成 社 ————————————